L'INVENTION DE LA SOLITUDE

COÉDITION ACTES SUD – LABOR – L AIRE

Titre original :
The Invention of Solitude
Sun, New York, 1982
© Paul Auster, 1982

© ACTES SUD, 1988
pour la traduction française
ISBN 2-86869-820-4

Illustration de couverture :
Marc Stockman, *L'Escalier* (détail), 1975
© Antoine Stockman, 1992

Photo 4e de couverture :
Paul Auster
© Gamma, Ulf Andersen, 1990

PAUL AUSTER

L'INVENTION
DE LA
SOLITUDE

roman traduit de l'américain
par Christine Le Bœuf

Lecture de Pascal Bruckner

BABEL

La traductrice remercie Victor Bol pour l'aide qu'il lui a apportée dans la recherche et le rétablissement du texte original des citations.

PORTRAIT
D'UN HOMME INVISIBLE

Qui cherche la vérité doit être prêt à l'inat-
tendu, car elle est difficile à trouver et, quand
on la rencontre, déconcertante.

HÉRACLITE

Un jour il y a la vie. Voici un homme en parfaite santé, pas vieux, jamais malade. Tout va pour lui comme il en fut toujours, comme il en ira toujours. Il vit au quotidien, s'occupe de ses affaires et ne rêve qu'aux réalités qui se présentent à lui. Et puis, d'un seul coup, la mort. Notre homme laisse échapper un petit soupir, s'affaisse dans son fauteuil, et c'est la mort. Si soudaine qu'il n'y a pas de place pour la réflexion, aucune possibilité pour l'intelligence de se trouver un mot de consolation. Il ne nous reste que la mort, l'irréductible évidence que nous sommes mortels. On peut l'accepter avec résignation au terme d'une longue maladie. On peut même attribuer au destin un décès accidentel. Mais qu'un homme meure sans cause apparente, qu'un homme meure simplement parce qu'il est un homme, nous voilà si près de l'invisible frontière entre la vie et la mort que nous ne savons plus de quel côté nous nous trouvons. La vie devient la mort, et semble en avoir fait partie depuis le début. La mort sans préavis. Autant dire : la vie s'arrête. Et cela peut arriver n'importe quand.

J'ai appris la mort de mon père voici trois semaines. C'était un dimanche matin, j'étais dans la cuisine en train de préparer le déjeuner de Daniel, mon petit garçon. Au lit, à l'étage, bien au chaud sous l'édredon, ma femme s'abandonnait aux délices d'une grasse matinée. L'hiver à la campagne : un univers de silence, de fumée de bois, de blancheur. L'esprit occupé des pages auxquelles j'avais travaillé la veille au soir, j'attendais l'après-midi, pour pouvoir m'y remettre. Le téléphone a sonné. Je l'ai su aussitôt : quelque chose n'allait pas. Personne n'appelle un dimanche à huit heures du matin sinon pour annoncer une nouvelle qui ne peut attendre. Et une nouvelle qui ne peut attendre est toujours mauvaise.

Je ne fus capable d'aucune pensée élevée.

Avant même d'avoir préparé nos bagages et entrepris les trois heures de route vers le New Jersey, je savais qu'il me faudrait écrire à propos de mon père. Je n'avais pas de projet, aucune idée précise de ce que cela représentait. Je ne me souviens même pas d'en avoir pris la décision. C'était là, simplement, une certitude, une obligation qui s'était imposée à moi dès l'instant où j'avais appris la nouvelle. Je pensais : Mon père est parti. Si je ne fais pas quelque chose, vite, sa vie entière va disparaître avec lui.

Quand j'y repense maintenant, à peine trois semaines plus tard, ma réaction me paraît curieuse. Je m'étais toujours imaginé paralysé devant la mort, figé de douleur. Mais confronté à l'événement je ne versais pas une larme, le monde ne me paraissait pas s'écrouler autour de moi. Bizarrement, je me trouvais tout à fait prêt à accepter cette disparition malgré sa soudaineté. J'étais troublé par tout autre chose, sans relation avec la mort ni avec mon attitude : je m'apercevais que mon père ne laissait pas de trace.

Il n'avait pas de femme, pas de famille qui dépendît de lui, personne dont son absence risquât de perturber la vie. Peut-être ici et là quelques personnes éprouveraient-elles un bref moment d'émotion, touchées par la pensée d'un caprice de la mort plus que par la perte de leur ami, puis il y aurait une courte période de tristesse, puis plus rien. A la longue ce serait comme s'il n'avait jamais existé.

De son vivant déjà, il était absent, et ses proches avaient appris depuis longtemps à accepter cette absence, à y voir une manifestation fondamentale de son être. Maintenant qu'il s'en était allé, les gens assimileraient sans difficulté l'idée que c'était pour toujours. Sa façon de vivre les avait préparés à sa mort – c'était comme une mort anticipée – et s'il arrivait qu'on se souvienne de lui ce serait un souvenir vague, pas davantage.

Dépourvu de passion, que ce soit pour un objet, une personne ou une idée, incapable ou refusant, en toute circonstance, de se livrer, il s'était arrangé pour garder ses distances avec la réalité, pour éviter l'immersion dans le vif des choses. Il mangeait, se rendait au travail, voyait ses amis, jouait au tennis, et cependant il n'était pas là. Au sens le plus profond, le plus inaltérable, c'était un homme invisible. Invisible pour les autres, et selon toute probabilité pour lui-même aussi. Si je l'ai cherché de son vivant, si j'ai toujours tenté de découvrir ce père absent, je ressens, maintenant qu'il est mort, le même besoin d'aller à sa recherche. La mort n'a rien changé. La seule différence c'est que le temps me manque.

Pendant quinze ans il avait vécu seul. Obstinément, obscurément, comme si le monde ne pouvait l'affecter. Il n'avait pas l'air d'un homme occupant l'espace mais plutôt d'un bloc d'espace impénétrable ayant forme humaine. Le monde rebondissait sur lui, se brisait contre lui, par moments adhérait à lui, mais ne l'avait jamais pénétré. Pendant quinze ans, tout seul, il avait hanté une maison immense, et c'est dans cette maison qu'il était mort.

Pendant une courte période nous y avions vécu en famille – mon père, ma mère, ma sœur et moi. Après le divorce de mes parents nous nous étions dispersés : ma mère avait entamé une autre vie, j'étais parti à l'université et ma sœur, en attendant d'en faire autant, avait habité chez ma mère. Seul mon père était resté. A cause d'une clause du jugement de divorce, qui attribuait à ma mère une part de la maison et le droit à la moitié du produit d'une vente éventuelle (ce qui rendait mon père peu disposé à vendre), ou à cause de quelque secret refus de changer sa vie (afin de ne pas montrer que le divorce l'avait affecté d'une manière qu'il ne pouvait contrôler), ou encore, simplement, par inertie, par une léthargie émotionnelle qui l'empêchait d'agir, il était resté et vivait seul dans une maison où six ou sept personnes auraient logé à l'aise.

C'était un endroit impressionnant : une vieille bâtisse solide, de style Tudor, avec des vitraux aux fenêtres, un toit d'ardoises et des pièces aux proportions royales. Son achat avait représenté pour mes parents une promotion, un signe d'accroissement de leur prospérité. C'était le plus beau quartier de la ville et, bien que la vie n'y fût pas agréable, surtout pour des enfants, son prestige l'avait emporté sur l'ennui mortel qui y régnait. Compte tenu qu'il devait finalement y passer le reste de ses jours, il y a de l'ironie dans le fait qu'au début mon père n'eût pas souhaité s'y installer. Il se plaignait du prix (une rengaine) et quand enfin il s'était laissé fléchir, ç'avait été à contrecœur et de mauvaise grâce. Il avait néanmoins payé comptant. Tout en une fois. Pas d'emprunt, pas de mensualités. C'était en 1959, et ses affaires marchaient bien.

Homme d'habitudes, il partait au bureau tôt le matin, travaillait dur toute la journée et ensuite, quand il rentrait (s'il n'était pas trop tard), faisait un petit somme avant le dîner. Au cours de notre première semaine dans cette maison, il avait commis une erreur bizarre. Après son travail, au lieu de rentrer à la nouvelle adresse, il s'était rendu tout droit à l'ancienne, comme il en avait eu l'habitude pendant des années ; il avait garé sa voiture dans l'allée, était entré par la porte de derrière, était monté à l'étage, entré dans la chambre, s'était allongé sur le lit et assoupi. Il avait dormi pendant une heure environ. Inutile de dire la surprise de la nouvelle maîtresse de maison trouvant, en rentrant chez elle, un inconnu sur son lit. A la différence de Boucles d'Or, mon père ne s'était pas enfui précipitamment. Le quiproquo éclairci, tout le monde avait ri de bon cœur. J'en ris encore aujourd'hui. Et pourtant, malgré tout, je ne peux m'empêcher de trouver cet incident pathétique. Reprendre par erreur le chemin de son ancienne maison est une chose, mais c'en est une tout autre, je pense, de ne pas remarquer que l'aménagement intérieur a changé. Le cerveau le plus fatigué ou le plus distrait conserve une part obscure de réaction instinctive qui permet au corps de se repérer. Il fallait être presque inconscient pour ne pas voir ou au moins sentir que ce n'était plus la même habitation. "La routine est un éteignoir", comme le suggère un personnage de Beckett. Et si l'esprit est incapable de réagir à une évidence matérielle, que fera-t-il des données émotionnelles ?

Durant ces quinze dernières années, il n'avait pratiquement rien changé dans la maison. Il n'avait pas ajouté un meuble, n'en avait enlevé aucun. La couleur des murs était restée la même, vaisselle et batterie de cuisine n'avaient pas été renouvelées et

même les robes de ma mère étaient toujours là – sus-
pendues dans une armoire au grenier. La dimension même des lieux l'autorisait à ne rien décider à
propos des objets qui s'y trouvaient. Ce n'était pas
qu'il fût attaché au passé et désireux de tout conserver comme dans un musée. Il paraissait au contraire
inconscient de ce qu'il faisait. La négligence le gou-
vernait, non la mémoire, et bien qu'il eût habité là
si longtemps, il y demeurait en étranger. Les années
passant, il y vivait de moins en moins. Il prenait
presque tous ses repas au restaurant, organisait son
agenda de manière à être occupé chaque soir et
n'utilisait guère son domicile que pour y dormir.
Un jour, il y a plusieurs années, il m'est arrivé de
lui dire quelle somme j'avais gagnée l'année précédente pour mes travaux littéraires et mes traductions (un montant minable, mais le plus important
que j'avais jamais reçu), et sa réponse amusée avait
été que pour ses seuls repas il dépensait plus que
cela. Il est évident que sa vie n'avait pas pour centre
son logement. La maison n'était qu'une des nombreuses haltes qui jalonnaient une existence agitée
et sans attaches, et cette absence d'épicentre avait
fait de lui un perpétuel outsider, un touriste dans
sa propre existence. Jamais on n'avait l'impression de pouvoir le situer.

Néanmoins la maison me paraît importante, ne
serait-ce que pour l'état de négligence où elle se
trouvait – symptomatique d'une disposition d'esprit, par ailleurs inaccessible, qui se manifestait
dans les attitudes concrètes d'un comportement

inconscient. Elle était devenue métaphore de la vie de mon père, représentation exacte et fidèle de son monde intérieur. Car bien qu'il y fît le ménage et maintînt les choses à peu près en état, un processus de désintégration, graduel et inéluctable, y était perceptible. Mon père avait de l'ordre, remettait toujours chaque chose à sa place, mais rien n'était entretenu, rien jamais nettoyé. Les meubles, surtout ceux des pièces où il entrait rarement, étaient couverts de poussière et de toiles d'araignée, signes d'un abandon total ; la cuisinière, complètement incrustée d'aliments carbonisés, était irrécupérable. Dans le placard, abandonnés sur les étagères depuis des années : paquets de farine infestés de bestioles, biscuits rances, sacs de sucre transformés en blocs compacts, bouteilles de sirops impossibles à ouvrir. Quand il lui arrivait de se préparer un repas, il faisait aussitôt et consciencieusement sa vaisselle, mais se contentait de la rincer, sans jamais utiliser de savon, si bien que chaque tasse, chaque soucoupe, chaque assiette était recouverte d'une sordide pellicule de graisse. A toutes les fenêtres, les stores, toujours baissés, étaient si élimés que la moindre secousse les aurait mis en pièces. Des fuites d'eau tachaient le mobilier, la chaudière ne chauffait jamais convenablement, la douche ne fonctionnait plus. La maison était devenue miteuse, déprimante. On y avait l'impression de se trouver dans l'antre d'un aveugle.

Ses amis, sa famille, conscients de la folie de cette façon de vivre, le pressaient de vendre et de déménager. Mais il s'arrangeait toujours, d'un "Je suis bien ici", ou d'un "La maison me convient tout à fait", pour esquiver sans se compromettre. A la fin, pourtant, il s'était décidé à déménager. Tout à la fin. La dernière fois que nous nous sommes parlé au téléphone, dix jours avant sa mort, il m'a dit que la maison était vendue, l'affaire devait être conclue le 1er février, à trois semaines de là. Il voulait savoir si quelque objet m'intéressait, et nous sommes convenus que je viendrais lui rendre visite avec ma femme et Daniel dès que nous aurions une journée libre. Il est mort avant que nous en ayons eu l'occasion.

J'ai appris qu'il n'est rien de plus terrible que la confrontation avec les effets personnels d'un mort. Les choses sont inertes. Elles n'ont de signification qu'en fonction de celui qui les utilise. La disparition advenue, les objets, même s'ils demeurent, sont différents. Ils sont là sans y être, fantômes tangibles, condamnés à survivre dans un monde où ils n'ont plus leur place. Que penser, par exemple, d'une pleine garde-robe attendant silencieusement d'habiller un homme qui jamais plus n'en ouvrira la porte ? de préservatifs éparpillés dans des tiroirs bourrés de sous-vêtements et de chaussettes ? du rasoir électrique qui, dans la salle de bains, porte encore les traces poussiéreuses du dernier usage ? d'une douzaine de tubes de teinture pour cheveux cachés dans une trousse de toilette en cuir ?

– révélation soudaine de choses qu'on n'a aucune envie de voir, aucune envie de savoir. C'est à la fois poignant et, dans un sens, horrible. Tels les ustensiles de cuisine de quelque civilisation disparue, les objets en eux-mêmes ne signifient rien. Pourtant ils nous parlent, ils sont là non en tant qu'objets mais comme les vestiges d'une pensée, d'une conscience, emblèmes de la solitude dans laquelle un homme prend les décisions qui le concernent : se teindre les cheveux, porter telle ou telle chemise, vivre, mourir. Et la futilité de tout ça, la mort venue.

Chaque fois que j'ouvrais un tiroir ou passais la tête dans un placard, je me sentais un intrus, cambrioleur violant l'intimité d'un homme. A tout moment je m'attendais à voir surgir mon père me dévisageant, incrédule, et me demandant ce que je fichais là. Il me paraissait injuste qu'il ne pût protester. Je n'avais pas le droit d'envahir sa vie privée.

Un numéro de téléphone hâtivement griffonné au dos de la carte de visite d'une de ses relations de travail : H. Limeburg – poubelles en tous genres. Des photographies du voyage de noces de mes parents aux chutes du Niagara, en 1946 : ma mère juchée nerveusement sur un taureau pour un de ces clichés amusants qui n'amusent personne, et le sentiment soudain que le monde a toujours été irréel, depuis sa préhistoire. Un tiroir plein de marteaux, de clous et de plus d'une vingtaine de tournevis. Un classeur rempli de chèques annulés datant de 1953 et des cartes que j'avais reçues pour mon sixième anniversaire. Et puis, enterrée au fond d'un tiroir de la salle de bains, la brosse à dents de ma mère, marquée à son chiffre, et qui n'avait plus été regardée ni touchée depuis au moins quinze ans.

La liste serait interminable.

Je me suis bientôt rendu à l'évidence que mon père ne s'était guère préparé à partir. Dans toute la maison, il n'y avait d'autres indices apparents d'un déménagement prochain que quelques cartons de livres – livres sans intérêt (des atlas périmés, une initiation à l'électronique vieille de cinquante ans, une grammaire latine de l'enseignement secondaire, d'anciens livres de droit) dont il avait projeté de faire don à une œuvre. A part cela, rien. Aucune caisse vide attendant d'être remplie. Aucun meuble donné ou vendu. Aucun accord prévu avec un déménageur. Comme s'il n'avait pas pu faire face. Plutôt que de vider la maison, il avait préféré mourir. C'était une façon de s'en sortir, la seule évasion légitime.

Pour moi, néanmoins, il n'y avait pas d'échappatoire. Ce qui devait être fait, personne d'autre ne pouvait le faire. Pendant dix jours j'ai tout passé en revue, j'ai nettoyé et rangé, préparé la maison pour ses nouveaux occupants. Triste période, mais aussi étrangement amusante, période d'insouciance et de décisions absurdes : vendre ceci, jeter cela, donner cette autre chose. Ma femme et moi avons acheté pour Daniel, qui avait dix-huit mois, un grand toboggan de bois que nous avons installé dans le salon. L'enfant semblait ravi par le chaos : il fouillait partout, se coiffait des abat-jour, semait en tous lieux des jetons de poker en plastique, et ses cavalcades retentissaient dans les vastes espaces des pièces progressivement débarrassées. Le soir, enfouis sous des édredons monolithiques, ma femme et moi regardions des films minables à la télévision. Jusqu'à ce que la télévision aussi s'en aille. La chaudière nous faisait des ennuis, elle s'éteignait si j'oubliais de la remplir d'eau. Un matin au réveil, nous nous sommes aperçus que la température dans la maison était tombée aux environs de zéro. Le téléphone sonnait vingt fois par jour, et vingt fois par jour j'annonçais la mort de mon père. J'étais devenu marchand de meubles, déménageur, messager de mauvaises nouvelles.

La maison commençait à ressembler au décor d'une banale comédie de mœurs. Des membres de la famille surgissaient, réclamaient tel meuble, telle pièce de vaisselle, essayaient les costumes de mon père, retournaient des cartons, jacassaient comme des oies. Des commissaires-priseurs venaient examiner la marchandise ("rien de capitonné, ça ne vaut pas un sou"), prenaient des mines dégoûtées et repartaient. Les hommes de la voirie, piétinant dans leurs lourdes bottes, emportaient des montagnes de bric-à-brac. L'employé de la compagnie des eaux est venu relever le compteur d'eau, celui de la compagnie du gaz le compteur de gaz et celui du fournisseur de fuel la jauge du fuel. (L'un d'eux, je ne me souviens plus lequel, qui avait eu maille à partir avec mon père au fil des années, m'a dit sur un ton de complicité farouche : "Ça m'ennuie de vous dire ça – ça ne l'ennuyait pas du tout – mais votre père était un type odieux.") L'agent immobilier, venu choisir quelques meubles à l'intention des nouveaux propriétaires, s'est finalement octroyé un miroir. Une brocanteuse a acheté les vieux chapeaux de ma mère. Un revendeur, arrivé avec son équipe (quatre Noirs nommés Luther, Ulysse, Tommy Pride et Joe Sapp), a tout embarqué, d'une paire d'haltères à un grille-pain hors d'usage. A la fin il ne restait rien. Pas même une carte postale. Pas une pensée.

S'il y a eu, durant ces quelques jours, un moment pire pour moi que les autres, c'est celui où j'ai traversé la pelouse sous une pluie battante afin de jeter à l'arrière du camion d'une association charitable une brassée de cravates. Il y en avait bien une centaine, et beaucoup me rappelaient mon enfance : leurs dessins, leurs couleurs, leurs formes étaient inscrits dans le tréfonds de ma conscience aussi clairement que le visage de mon père. Me voir les jeter comme de quelconques vieilleries m'était intolérable et c'est au moment précis où je les lançais dans le camion que j'ai été le plus près de pleurer. Plus que la vision du cercueil descendu dans la terre, le fait de jeter ces cravates m'a paru concrétiser l'idée de l'ensevelissement. Je comprenais enfin que mon père était mort.

Hier une gosse du voisinage est venue jouer avec Daniel. Une fillette de trois ans et demi environ, qui sait depuis peu que les grandes personnes aussi ont un jour été des enfants et que sa mère et son père ont eux-mêmes des parents. A un moment donné elle a pris le téléphone et entamé une conversation imaginaire, puis s'est tournée vers moi en disant : "Paul, c'est ton père, il veut te parler." C'était affreux. J'ai pensé : Il y a un fantôme au bout de la ligne, et il tient réellement à s'entretenir avec moi. Plusieurs instants se sont écoulés avant que je parvienne à balbutier : "Non, ça ne peut pas être mon père. Pas aujourd'hui. Il est ailleurs."
J'ai attendu qu'elle raccroche le combiné et j'ai quitté la pièce.

J'avais retrouvé dans le placard de sa chambre à coucher plusieurs centaines de photographies – fourrées dans des enveloppes fanées, collées aux pages noires d'albums délabrés, éparses dans des tiroirs. A voir la façon dont elles étaient mises de côté, j'ai pensé qu'il ne les regardait jamais, qu'il avait même oublié leur existence. Un très gros album, relié d'un cuir luxueux, avec un titre à l'or fin – Ceci est notre vie : les Auster – était totalement vide. Quelqu'un, ma mère sans doute, avait un jour pris la peine de le commander, mais personne ne s'était jamais soucié de le garnir.

Rentré chez moi, je me suis absorbé dans l'observation de ces clichés avec une fascination frisant la manie. Je les trouvais irrésistibles, précieux, l'équivalent de reliques sacrées. Ils me semblaient susceptibles de me raconter des choses que j'avais jusqu'alors ignorées, de me révéler une vérité cachée, et je me plongeais dans leur étude, me pénétrant du moindre détail, de l'ombre la plus banale, jusqu'à ce qu'ils fassent tous partie de moi. Je ne voulais rien laisser échapper.

A l'homme la mort prend son corps. Vivant, l'individu est synonyme de son corps. Ensuite il y a lui, et il y a sa dépouille. On dit : "Voici le corps de X", comme si ce corps, qui un jour a été l'homme lui-même, non sa représentation ni sa propriété, mais l'homme même connu sous le nom de X, soudain n'avait plus d'importance. Quand quelqu'un entre dans une pièce et que vous échangez une poignée de main, ce n'est pas avec sa main, ni avec son corps que vous avez l'impression de l'échanger, c'est avec *lui*. La mort modifie cela. Voici le corps de X, et non pas voici X. Toute la syntaxe est différente. On parle maintenant de deux choses au lieu d'une, ce qui implique que l'homme continue d'exister mais comme une idée, un essaim d'images et de souvenirs dans l'esprit des survivants. Quant au corps, il n'est plus que chair et ossements, une simple masse de matière.

La découverte de ces photographies m'était importante car elles me paraissaient réaffirmer la présence physique de mon père en ce monde, me donner l'illusion qu'il était encore là. Du fait que beaucoup m'étaient inconnues, surtout celles de sa jeunesse, j'avais la curieuse sensation que je le rencontrais pour la première fois et qu'une partie de lui commençait à peine à exister. J'avais perdu mon père. Mais dans le même temps je le découvrais. Tant que je gardais ces images devant mes yeux, tant que je continuais à les étudier de toute mon attention, c'était comme si, même disparu, il était encore vivant. Ou, sinon vivant, du moins pas mort. Plutôt en suspens, bloqué dans un univers qui n'avait rien à voir avec la mort, où jamais elle n'aurait accès.

La plupart de ces instantanés ne m'ont pas appris grand-chose mais ils m'ont aidé à combler des lacunes, à confirmer des impressions, à trouver des preuves là où elles avaient toujours manqué. Telle cette série de clichés, pris sans doute au cours de plusieurs années, quand il était encore garçon, qui témoignent avec précision de certains aspects de sa personnalité, submergés pendant les années de son mariage, une face de lui que je n'ai commencé à entrevoir qu'après son divorce : dandy, mondain, bon vivant. Image après image, le voici en compagnie de femmes, deux ou trois le plus souvent, toutes prenant des poses comiques, se tenant embrassées, ou assises à deux sur ses genoux, ou alors un baiser théâtral à l'intention du seul photographe. A l'arrière-plan : la montagne, un court de tennis, une piscine peut-être ou une cabane de rondins. Témoins de balades de week-end dans les Catskill avec ses amis célibataires. Le tennis, les femmes. Il avait vécu ainsi jusqu'à trente-quatre ans.

Cette vie lui convenait et je comprends qu'il y soit retourné après la rupture de son mariage. Pour quelqu'un qui ne trouve la vie tolérable qu'à la condition d'en effleurer seulement la surface, il est naturel de se contenter, dans ses échanges avec les autres, de rapports superficiels. Peu d'exigences à satisfaire, aucune obligation de s'engager. Le mariage, au contraire, c'est une porte qui se ferme. Confiné dans un espace étriqué, il faut constamment manifester sa personnalité et par conséquent s'observer, s'analyser en profondeur. Porte ouverte, il n'y a pas de problème : on peut toujours s'échapper. On peut esquiver toute confrontation désagréable, avec soi-même comme avec autrui, rien qu'en sortant.

La capacité d'évasion de mon père était presque illimitée. Le domaine d'autrui lui paraissant irréel, les incursions qu'il pouvait y faire concernaient une part de lui-même qu'il considérait comme également irréelle, une personnalité seconde qu'il avait entraînée à le représenter comme un acteur dans la comédie absurde du vaste monde. Ce substitut de lui-même était avant tout un farceur, un enfant débordant d'activité, un raconteur d'histoires. Il ne prenait rien au sérieux.

Comme rien ne lui paraissait important, il s'arrogeait la liberté de faire tout ce qu'il voulait (entrer en fraude dans des clubs de tennis, se faire passer pour un critique gastronomique afin d'obtenir un repas gratuit), et le charme qu'il déployait pour ses conquêtes était précisément ce qui les dénuait de sens. Il dissimulait son âge véritable avec la vanité d'une femme, inventait des histoires à propos de ses affaires et ne parlait de lui-même qu'avec des détours – à la troisième personne, comme d'une de ses relations. ("Un de mes amis a tel problème ; que pensez-vous qu'il puisse faire ?...") Chaque fois qu'une situation devenait embarrassante, chaque fois qu'il se sentait acculé à l'obligation de se démasquer, il s'en sortait par un mensonge. A force, le mensonge était devenu chez lui automatique, il s'y adonnait par goût. Son principe était d'en dire le moins possible. Si les gens ne le connaissaient jamais vraiment ils ne pourraient pas, un jour, retourner sa vérité contre lui. Mentir était une façon de s'assurer une protection. Ce que les gens voyaient quand ils l'avaient devant eux ce n'était donc pas lui mais un personnage inventé, une créature artificielle qu'il pouvait manipuler afin de manipuler autrui. Lui-même demeurait invisible, marionnettiste solitaire tirant dans l'obscurité, derrière le rideau, les ficelles de son alter ego.

Pendant ses dix ou douze dernières années, il avait une amie régulière, avec qui il sortait et qui jouait le rôle de compagne officielle. Il y avait de temps en temps de vagues rumeurs de mariage (venant d'elle) et tout le monde présumait qu'elle était la seule femme dans sa vie. Mais après sa mort d'autres ont surgi. L'une l'avait aimé, celle-ci l'avait adoré, celle-là devait l'épouser. L'amie en titre était stupéfaite d'apprendre l'existence de ces rivales ; mon père ne lui en avait jamais soufflé mot. Il avait donné la réplique à chacune séparément et chacune s'imaginait le posséder. Il s'est avéré qu'aucune ne savait rien de lui. Il s'était arrangé pour échapper à toutes.

Solitaire. Mais cela ne signifie pas qu'il était seul. Pas dans le sens où Thoreau, par exemple, cherchait dans l'exil à se trouver ; pas comme Jonas non plus, qui dans le ventre de la baleine priait pour être délivré. La solitude comme une retraite. Pour n'avoir pas à se voir, pour n'avoir pas à voir le regard des autres sur lui.

Bavarder avec lui était une rude épreuve. Ou bien il était absent, comme à son habitude, ou bien il faisait montre d'un enjouement exagéré, et ce n'était qu'une autre forme d'absence. Autant essayer de se faire comprendre par un vieillard sénile. Vous disiez quelque chose, et il n'y avait pas de réponse, ou si peu appropriée que d'évidence il n'avait pas suivi le fil de votre phrase. Chaque fois que je lui téléphonais, ces dernières années, je me surprenais à parler plus que de raison, je devenais agressivement volubile, avec l'espoir futile de retenir son attention par mon bavardage et de provoquer une réaction. Après quoi, invariablement, je me sentais idiot d'avoir fait un tel effort.

Il ne fumait pas, ne buvait pas. Aucun goût pour les plaisirs des sens, aucune soif de plaisirs intellectuels. Les livres l'ennuyaient et rare était le film ou la pièce de théâtre qui ne l'endormait pas. Dans les soirées on pouvait le voir lutter pour garder les yeux ouverts, et le plus souvent il succombait, s'assoupissait dans un fauteuil au beau milieu des conversations. Un homme sans appétits. On avait le sentiment que rien ne pourrait jamais s'imposer à lui, qu'il n'avait aucun besoin de ce que le monde peut offrir.

A trente-quatre ans, mariage. A cinquante-deux, divorce. En un sens cela avait duré des années, mais en fait ce n'avait été que l'affaire de quelques jours. Jamais il n'a été un homme marié, jamais un divorcé, mais un célibataire à vie qui s'était trouvé par hasard dans un interlude nommé mariage. Bien qu'il ne se soit pas dérobé devant ses devoirs évidents de chef de famille (il était fidèle, entretenait sa femme et ses enfants et assumait toutes ses responsabilités), il était clair qu'il n'était pas taillé pour tenir ce rôle. Il n'avait simplement aucun don pour cela.

Ma mère avait juste vingt et un ans quand elle l'a épousé. Pendant la brève période où il lui faisait la cour, il avait été chaste. Pas d'avances audacieuses, aucun de ces assauts de mâle haletant d'excitation. De temps à autre ils se tenaient les mains, échangeaient un baiser poli en se disant bonsoir. En bref, il n'y eut jamais de déclaration d'amour, ni d'une part ni de l'autre. Quand arriva la date du mariage, ils ne se connaissaient pratiquement pas.

Il n'a pas fallu longtemps à ma mère pour s'apercevoir de son erreur. Avant même la fin de leur voyage de noces (ce voyage sur lequel j'avais retrouvé une documentation si complète, comme par exemple cette photo où ils sont assis ensemble sur un rocher, au bord d'un lac parfaitement calme ; un ruissellement de soleil sur la pente derrière eux guide le regard vers une pinède ombragée, il a les bras autour d'elle et tous deux se regardent en souriant timidement, comme si le photographe leur avait fait tenir la pose un instant de trop), avant même la fin de la lune de miel elle savait que leur mariage serait un échec. Elle est allée en larmes chez sa mère, lui dire qu'elle voulait le quitter. D'une manière ou d'une autre, sa mère a réussi à la persuader de rentrer chez elle et de donner une chance à leur couple. Et alors, avant que les choses se tassent, elle s'est trouvée enceinte. Et il était soudain trop tard pour faire quoi que ce soit.

J'y pense parfois : j'ai été conçu aux chutes du Niagara, dans ce lieu de villégiature pour jeunes mariés. Le lieu n'a pas d'importance. Mais l'idée de ce qui doit avoir été une étreinte sans passion, un tâtonnement soumis entre les draps glacés d'un hôtel, n'a jamais manqué de me faire considérer avec humilité ma propre précarité. Les chutes du Niagara. Ou le hasard de deux corps réunis. Et puis moi, homoncule aléatoire, tel l'un de ces casse-cou qui descendent les chutes dans une barrique.

Un peu plus de huit mois après, en s'éveillant le matin de son vingt-deuxième anniversaire, ma mère a dit à mon père que le bébé arrivait. Ridicule, a-t-il répondu, on ne l'attend pas avant trois semaines – et il est aussitôt parti travailler, en l'abandonnant sans voiture.

Elle a attendu. Pensé qu'il avait peut-être raison. Attendu encore un peu et puis téléphoné à sa belle-sœur pour lui demander de la conduire à l'hôpital. Ma tante a passé la journée auprès d'elle, et toutes les heures elle appelait mon père en insistant pour qu'il vienne. Plus tard, répondait-il, je suis occupé, je viendrai dès que je pourrai.

Un peu après minuit je me frayais un chemin en ce monde, le derrière en avant et sans doute en braillant.

Ma mère attendait mon père mais il n'est arrivé que le lendemain matin – en compagnie de sa mère qui désirait inspecter son septième petit-fils. Une visite brève, tendue, et il est reparti à son travail.

Elle a pleuré, bien entendu. Elle était jeune, après tout, et ne s'était pas attendue à ce qu'il y accordât si peu d'importance. Mais lui n'a jamais compris ce genre de choses. Ni au début ni à la fin. Jamais il n'a été capable d'être où il était. Toute sa vie il a été ailleurs, entre ici et là. Jamais vraiment ici. Et jamais vraiment là.

Le même petit drame s'est reproduit trente ans plus tard. Cette fois j'y étais, je l'ai vu de mes yeux.

Après la naissance de mon fils, j'avais pensé : Ça va lui faire plaisir. Les hommes ne sont-ils pas toujours heureux d'être grands-pères ?

J'aurais aimé le voir s'attendrir sur le bébé, m'offrir une preuve qu'il était, après tout, capable de manifester un sentiment – en somme qu'il pouvait, comme tout le monde, en éprouver un. Et s'il témoignait de l'affection à son petit-fils, ne serait-ce pas, d'une façon indirecte, m'en montrer à moi ? Même adulte, on ne cesse pas d'être affamé d'amour paternel.

Mais les gens ne changent pas. Tout bien compté, mon père n'a vu son petit-fils que trois ou quatre fois, et à aucun moment n'a su le distinguer de la masse anonyme des bébés qui naissent chaque jour dans le monde. La première fois qu'il a posé les yeux sur lui, Daniel avait juste quinze jours. Je m'en souviens comme si c'était hier : un dimanche torride de la fin de juin, un temps de vague de chaleur, l'air de la campagne gris d'humidité. Mon père a garé sa voiture, il a vu ma femme installer le bébé dans son landau pour la sieste et s'est dirigé vers elle pour la saluer. Il a mis le nez dans le berceau pendant un dixième de seconde, s'est redressé en disant : "Un beau bébé, je te félicite" et a poursuivi son chemin vers la maison. Il aurait aussi bien pu être en train de parler à des inconnus dans une file de supermarché. De tout le temps de sa visite, ce jour-là, il ne s'est plus occupé de Daniel et pas une fois il n'a demandé à le prendre dans ses bras.

Tout ceci, simplement, à titre d'exemple.

Il est impossible, je m'en rends compte, de pénétrer la solitude d'autrui. Si nous arrivons jamais, si peu que ce soit, à connaître un de nos semblables, c'est seulement dans la mesure où il est disposé à se laisser découvrir. Quelqu'un dit : J'ai froid. Ou bien il ne dit rien et nous le voyons frissonner. De toute façon, nous savons qu'il a froid. Mais que penser de celui qui ne dit rien et ne frissonne pas ? Là où tout est neutre, hermétique, évasif, on ne peut qu'observer. Mais en tirer des conclusions, c'est une tout autre question.

Je ne veux présumer de rien.

Jamais il ne parlait de lui-même, ni ne paraissait savoir qu'il aurait pu le faire. C'était comme si sa vie intérieure lui avait échappé, à lui aussi.

Il ne pouvait en parler et passait donc tout sous silence.

Et s'il n'y a que ce silence, n'est-ce pas présomptueux de ma part de parler ? Et pourtant : s'il y avait eu autre chose que du silence, aurais-je d'abord ressenti le besoin de parler ?

Je n'ai pas grand choix. Je peux me taire, ou alors parler de choses invérifiables. Je veux au moins consigner les faits, les exposer aussi honnêtement que possible et leur laisser raconter ce qu'ils peuvent. Mais même les faits ne disent pas toujours la vérité.

Il était, en surface, d'une neutralité si implacable, son comportement était si platement prévisible que tout ce qu'il entreprenait devenait une surprise. On ne peut croire à l'existence d'un tel homme – si dépourvu de sentiments et attendant si peu des autres. Et si cet homme n'existait pas, cela signifie qu'il y en avait un autre, dissimulé à l'intérieur de l'homme absent, et dans ce cas ce qu'il faut, c'est le trouver. A condition qu'il soit là.

Je dois reconnaître, dès le départ, que cette entreprise est par essence vouée à l'échec.

Premier souvenir : son absence. Durant les premières années de ma vie, il partait travailler très tôt, avant que je sois éveillé, et ne rentrait que longtemps après qu'on m'eut remis au lit. J'étais le fils de ma mère, je vivais dans l'orbite de celle-ci. Petite lune tournant autour de cette terre gigantesque, poussière dans sa sphère d'attraction, j'en contrôlais les marées, le climat, la force des sentiments.

Mon père répétait comme un refrain : Ne fais pas tant de chichis, tu le gâtes. Mais ma santé n'était pas bonne et ma mère en usait pour se justifier des attentions qu'elle me prodiguait. Nous passions beaucoup de temps ensemble, elle avec sa solitude et moi avec mes crampes, à attendre patiemment dans les cabinets des médecins que quelqu'un apaise le désordre qui me ravageait continuellement l'estomac. Je m'accrochais à ces médecins avec une sorte de désespoir, je voulais qu'ils me prennent dans leurs bras. Dès le début, semble-t-il, je cherchais mon père, je cherchais avec frénésie quelqu'un qui lui ressemblât.

Souvenir plus récent : un désir dévorant. L'esprit toujours à l'affût d'un prétexte qui me permît de nier l'évidence, je m'obstinais à espérer quelque chose qui jamais ne m'était donné – ou donné si rarement, si arbitrairement que cela paraissait se produire en dehors du champ normal de l'expérience, en un lieu où je ne pourrais en aucune façon vivre plus de quelques instants à chaque fois. Je n'avais pas l'impression qu'il ne m'aimait pas. Simplement, il paraissait distrait, incapable de me voir. Et plus que tout, je souhaitais qu'il fasse attention à moi.

N'importe quoi me suffisait, la moindre chose. Un jour, par exemple, nous étions allés en famille au restaurant, c'était un dimanche, la salle était bondée, il fallait attendre qu'une table se libère, et mon père m'a emmené à l'extérieur ; il a sorti (d'où ?) une balle de tennis, posé un penny sur le trottoir, et entrepris de jouer avec moi : il fallait toucher la pièce avec la balle. Je ne devais avoir que huit ou neuf ans.

Rétrospectivement, rien de plus banal. Et pourtant le fait d'avoir participé, le fait que mon père, tout naturellement, m'ait demandé de partager son ennui, j'en avais été presque écrasé de joie.

Les déceptions étaient plus fréquentes. Pendant un moment il paraissait changé, plus ouvert, et puis tout à coup il n'était plus là. La seule fois où j'avais réussi à le persuader de m'emmener à un match de football (les *Giants* contre les *Cardinals* de Chicago, au *Yankee Stadium* ou aux *Polo Grounds*, je ne sais plus), il s'est levé tout à coup au milieu du quatrième quart en disant : "Il est temps de s'en aller." Il voulait "passer avant la foule" et éviter d'être pris dans la circulation. Rien de ce que j'ai pu dire ne l'a convaincu de rester et nous sommes partis, comme ça, pendant que le jeu battait son plein. Plein d'un désespoir inhumain, je l'ai suivi le long des rampes de béton, et ce fut pis encore dans le parking, avec derrière moi les hurlements de la foule invisible.

Il aurait été vain d'attendre de lui qu'il devine ce qu'on voulait, qu'il ait l'intuition de ce qu'on pouvait ressentir. L'obligation de s'expliquer gâchait d'avance tout plaisir, perturbait un rêve d'harmonie avant que la première note en ait été jouée. Et puis, quand bien même on arrivait à s'exprimer, on n'était pas du tout certain d'être compris.

Je me souviens d'un jour très semblable à celui-ci. Un dimanche de crachin, une maison silencieuse, léthargique. Mon père sommeillait, ou venait de s'éveiller, et pour une raison ou une autre j'étais avec lui sur le lit, seuls tous les deux dans sa chambre. Raconte-moi une histoire. Cela doit avoir commencé ainsi. Et parce qu'il ne faisait rien, parce qu'il était encore assoupi dans la langueur de l'après-midi, il a obtempéré et, tout à trac, s'est lancé dans un récit. Je m'en souviens avec une telle clarté. Comme si je sortais à peine de la pièce, avec son fouillis d'édredons sur le lit, comme si je pouvais, rien qu'en fermant les yeux, y retourner dès que l'envie m'en prendrait.

Il m'a raconté ses aventures de prospecteur en Amérique du Sud. Aventures hautes en couleur, truffées de dangers mortels, d'évasions à vous faire dresser les cheveux sur la tête et de revers de fortune invraisemblables : il se frayait un chemin dans la jungle à coups de machette, mettait des bandits en déroute à mains nues, abattait son âne qui s'était cassé une jambe. Son langage était fleuri et contourné, l'écho sans doute de ses propres lectures d'enfant. Mais ce style était précisément ce qui m'enchantait. Non content de me révéler sur lui-même des choses nouvelles, de lever le voile sur l'univers lointain de son passé, il utilisait pour cela des mots étranges et inconnus. Cette forme comptait tout autant que l'histoire elle-même. Elle lui convenait, en un sens elle en était indissociable. Son étrangeté même était garant de son authenticité.

Il ne m'est pas venu à l'esprit qu'il pouvait avoir tout inventé. J'y ai cru pendant des années. Même passé l'âge où j'aurais dû voir clair, j'avais encore le sentiment qu'il s'y trouvait une part de vérité. Cela représentait à propos de mon père une information à laquelle je pouvais me raccrocher, et je n'avais pas envie d'y renoncer. J'y voyais enfin une explication à ses mystérieuses disparitions, à son indifférence envers moi. Il était un personnage romanesque, un homme au passé obscur et fascinant, et sa vie présente n'était qu'une halte, une façon d'attendre le moment de repartir vers une nouvelle aventure. Il était en train de mettre au point son plan, la façon dont il s'y prendrait pour récupérer l'or enfoui profondément au cœur de la cordillère des Andes.

En arrière-plan dans mon esprit : le désir de faire quelque chose d'extraordinaire, de l'impressionner par un acte aux proportions héroïques. Plus il était distant, plus l'enjeu me paraissait élevé. Mais si tenace et si idéaliste que soit la volonté d'un gamin, elle est aussi terriblement pratique. Je n'avais que dix ans et ne disposais d'aucun enfant à tirer d'un immeuble en flammes, d'aucun marin à sauver en mer. J'étais d'autre part bon au base-ball, la vedette de mon équipe de juniors et, bien que mon père ne s'y intéressât pas, je pensais que s'il me voyait jouer, ne fût-ce qu'une fois, il commencerait à me considérer sous un jour nouveau.

Et finalement il est venu. Les parents de ma mère nous rendaient alors visite et mon grand-père, grand amateur de base-ball, l'accompagnait. C'était un match spécial pour le *Memorial Day* et toutes les places étaient occupées. Si je devais accomplir un haut fait, c'était le moment ou jamais. Je me souviens de les avoir aperçus sur les gradins de bois, mon père en chemise blanche sans cravate, et mon grand-père avec un mouchoir blanc sur son crâne chauve pour le protéger du soleil – je vois encore toute la scène, inondée de cette aveuglante lumière blanche.

Il va sans dire que j'ai fait un gâchis. J'ai raté tous mes coups de batte, perdu l'équilibre sur le terrain, j'avais un trac épouvantable. Des centaines de matchs que j'ai joués dans mon enfance, celui-ci a été le pire.

Ensuite, comme nous retournions à la voiture, mon père m'a dit que j'avais bien joué. Non, ai-je répliqué, c'était affreux. Et lui : Tu as fait de ton mieux, on ne peut pas toujours être bon.

Son intention n'était pas de m'encourager. Ni d'être désagréable. Il parlait simplement comme on le fait en pareille occasion, quasi automatiquement. Les mots convenaient, mais ils étaient vides de sens, simple exercice de décorum, prononcés sur le même ton abstrait que vingt ans plus tard son "Un beau bébé, je te félicite". Je voyais bien qu'il avait l'esprit ailleurs.

Cela n'a pas d'importance en soi. Ce qui en a, c'est que je comprenais que même si tout s'était passé aussi bien que je l'avais espéré, sa réaction aurait été identique. Que je réussisse ou non ne comptait guère pour lui. J'existais à ses yeux en fonction de ce que j'étais, non de ce que je faisais, et cela signifiait que jamais la perception qu'il avait de moi ne changerait, nos rapports étaient déterminés de façon inaltérable, nous étions séparés l'un de l'autre par un mur. Je comprenais surtout que tout cela n'avait pas grand-chose à voir avec moi. Lui seul était en cause. Comme tous les éléments de son existence, il ne me voyait qu'à travers les brumes de sa solitude, à grande distance. L'univers était pour lui, à mon avis, un lieu éloigné où jamais il ne pénétrait pour de bon, et c'est là-bas, dans le lointain, parmi les ombres qui flottaient devant lui, que j'étais né et devenu son fils, que j'avais grandi, apparaissant et disparaissant comme une ombre de plus dans la pénombre de sa conscience.

Avec sa fille, née quand j'avais trois ans et demi, ça s'est passé un peu mieux. Mais il a eu en fin de compte des difficultés infinies.

Elle était très belle. D'une fragilité hors du commun, elle avait de grands yeux bruns qui se remplissaient de larmes à la moindre émotion. Elle était presque toujours seule, petite silhouette vagabondant à travers une contrée imaginaire d'elfes et de fées, dansant sur la pointe des pieds en robe de ballerine garnie de dentelle, chantant pour elle-même d'une voix imperceptible. C'était une Ophélie en miniature qui semblait déjà destinée à une vie de perpétuelle lutte intérieure. Elle avait peu d'amis, suivait difficilement la classe, et était, même très jeune, tourmentée par un manque de confiance en elle qui transformait les moindres routines en cauchemars d'angoisse et d'échec. Elle piquait des rages, des crises de larmes épouvantables, elle était constamment bouleversée. Rien ne semblait jamais la contenter longtemps.

Plus sensible que moi à l'atmosphère du mariage malheureux de nos parents, elle en éprouvait un sentiment d'insécurité monumental, traumatisant. Au moins une fois par jour, elle demandait à notre mère si "elle aimait papa". La réponse invariable était : Bien sûr, je l'aime.

Le mensonge ne devait pas être très convaincant. Sinon elle n'aurait pas eu besoin de reposer la même question dès le lendemain.

D'autre part, on voit mal comment la vérité aurait pu arranger les choses.

On aurait dit qu'elle dégageait un parfum de détresse. Chacun avait le réflexe immédiat de la protéger, de l'isoler des assauts du monde. Comme tous les autres, mon père la dorlotait. Plus elle paraissait pleurer pour des caresses, plus il était disposé à lui en donner. Longtemps après qu'elle eut su marcher, il s'entêtait à la porter pour lui faire descendre l'escalier. Il agissait ainsi par amour, c'est indiscutable, avec plaisir, parce qu'elle était son petit ange. Mais sous ces attentions se cachait ce message : jamais elle ne serait capable de se débrouiller toute seule. Pour lui, elle n'était pas une personne mais un être éthéré, et à force de n'être jamais obligée à se conduire comme quelqu'un d'autonome elle n'a jamais pu le devenir.

Ma mère, elle, avait conscience de ce qui se passait. Sitôt que ma sœur a eu cinq ans, elle l'a emmenée en consultation chez un psychiatre pour enfants, et le médecin a conseillé de commencer une thérapie. Ce soir-là, quand ma mère l'a mis au courant du résultat de cette consultation, mon père a explosé d'une colère violente. Jamais ma fille, etc. Penser que son enfant ait besoin de soins psychiatriques, ce n'était pas moins grave pour lui que d'apprendre qu'elle avait la lèpre. Il ne l'acceptait pas. Il ne voulait même pas en discuter.

C'est sur ce point que je veux insister. Son refus de s'analyser n'avait d'égal que son obstination à ne pas voir le monde, à ignorer les évidences les plus indiscutables, même si elles lui étaient fourrées sous le nez. C'est ce qu'il a fait toute sa vie : il regardait une chose en face, hochait la tête, et puis se détournait en prétendant que ça n'existait pas. Toute conversation avec lui devenait ainsi presque impossible. Quand on avait enfin réussi à établir un terrain d'entente, il sortait sa pelle et minait le sol sous vos pieds.

Des années plus tard, alors que ma sœur passait par une série de dépressions nerveuses épuisantes, mon père continuait à croire qu'elle allait tout à fait bien. On aurait dit qu'il était biologiquement incapable d'admettre son état.

Dans l'un de ses livres, R. D. Laing décrit le père d'une enfant catatonique qui, à chacune des visites qu'il lui rendait à l'hôpital, l'attrapait par les épaules et la secouait aussi vigoureusement qu'il le pouvait en lui enjoignant : "Sors-toi de là." Mon père ne bousculait pas ma sœur mais dans le fond son attitude était la même. Ce dont elle a besoin, affirmait-il, c'est de se trouver un travail, de se faire belle et de se mettre à vivre dans la réalité. C'était vrai, bien entendu. Mais c'était précisément ce dont elle était incapable. Elle est sensible, c'est tout, disait-il, il faut qu'elle surmonte sa timidité. Il apprivoisait le problème en le réduisant à un trait de caractère, et conservait ainsi l'illusion que tout allait bien. C'était moins de l'aveuglement qu'un manque d'imagination. A quel moment une maison cesse-t-elle d'être une maison ? Quand on enlève le toit ? les fenêtres ? Quand on abat les murs ? A quel moment n'y a-t-il plus qu'un tas de gravats ? Il disait : Elle n'est pas comme les autres, mais elle va très bien. Et un beau jour les murs de la maison finissent par s'effondrer. Pour peu que la porte soit encore debout, il n'y a qu'à la franchir pour se trouver à l'intérieur. C'est agréable de dormir sous les étoiles. Tant pis s'il pleut. Cela ne durera guère.

Petit à petit la situation empirait, et il a bien dû l'admettre. Mais même alors, à chaque étape, son acceptation était peu orthodoxe, excentrique au point de quasi s'annuler. Par exemple, il s'était mis en tête que la seule chose susceptible de faire du bien à sa fille, c'était une thérapie de choc à base de mégavitamines. C'était l'approche chimique de la maladie mentale. Bien que son efficacité n'ait jamais été démontrée, cette méthode de soins est largement pratiquée. On comprend qu'elle ait attiré mon père. Au lieu d'avoir à se colleter avec un problème émotionnel dévastateur, il pouvait considérer qu'il s'agissait d'une affection physique, guérissable au même titre qu'une grippe. Le mal devenait une force externe, une sorte de microbe que l'on pourrait expulser en lui opposant une force externe équivalente. Dans sa vision bizarre, ma sœur pouvait sortir indemne de tout cela. Elle n'était que le site où se livrait la bataille, et cela signifiait qu'elle-même n'en serait pas réellement affectée.

Il s'est efforcé plusieurs mois durant de la persuader d'entreprendre cette cure de mégavitamines – allant jusqu'à prendre lui-même les pilules pour lui prouver qu'elle ne risquait pas de s'empoisonner – et quand elle y a enfin consenti, elle n'a persévéré que pendant une ou deux semaines. Ces vitamines coûtaient cher mais il ne se dérobait pas devant la dépense. Il refusait par contre avec colère de payer pour tout autre type de traitement. Il ne croyait pas qu'un étranger puisse prendre à cœur ce qui arrivait à sa fille. Les psychiatres n'étaient que des charlatans, uniquement intéressés par l'argent qu'ils pouvaient extorquer à leurs patients et par les voitures de luxe. Comme il ne voulait pas payer les honoraires, elle en était réduite aux soins réservés aux indigents. Elle était pauvre, sans revenus, mais il ne lui envoyait presque rien.

Il aurait désiré prendre lui-même les choses en main. Bien que ce ne fût souhaitable pour aucun des deux, il voulait qu'elle vînt habiter chez lui afin que la responsabilité de veiller sur elle lui incombât à lui seul. Il pourrait au moins s'en remettre à ses propres sentiments, et il savait qu'il l'aimait. Mais quand elle est venue (pour quelques mois, à la suite d'un de ses séjours à l'hôpital), il n'a, pour s'occuper d'elle, rien changé à ses habitudes – il continuait de passer à l'extérieur le plus clair de son temps et l'abandonnait, fantôme errant dans cette maison immense.

Il était négligent et entêté. Mais sous ces dehors je savais qu'il souffrait. Parfois, au téléphone, quand il me parlait de ma sœur, j'entendais dans sa voix une imperceptible fêlure, comme s'il avait tenté de dissimuler un sanglot. A la différence de tous les événements auxquels il s'était heurté, le mal de sa fille le touchait – mais ne provoquait chez lui qu'un sentiment de totale impuissance. Il n'est pas de plus grand tourment pour des parents qu'une telle impuissance. Il faut l'accepter, même si on en est incapable. Et plus on l'accepte, plus le désespoir augmente.

Son désespoir est devenu très profond.

Aujourd'hui j'ai traîné dans la maison, sans but, déprimé, j'avais l'impression d'être en train de perdre contact avec ce que j'écrivais, et je suis tombé par hasard sur ces mots dans une lettre de Van Gogh : "Je ressens comme n'importe qui le besoin d'une famille et d'amis, d'affection et de rapports amicaux. Je ne suis pas fait de pierre ou de métal, comme une fontaine ou un réverbère."

C'est peut-être là ce qui compte réellement : parvenir au plus profond du cœur humain, en dépit des apparences.

Ces images minuscules : inaltérables, logées dans la vase de la mémoire, ni enfouies ni totalement récupérables. Et pourtant, chacune d'elles est une résurrection éphémère, un instant qui échappe à la disparition. Sa façon de marcher, par exemple, en un curieux équilibre, rebondissant sur la plante des pieds comme s'il s'apprêtait à plonger en avant dans l'inconnu. Ou sa façon de se tenir à table quand il mangeait, le dos arrondi, les épaules raides, consommant la nourriture, ne la savourant jamais. Ou encore les odeurs que dégageaient les voitures qu'il utilisait pour son travail : vapeurs d'essence, relents d'huile, gaz d'échappement ; le remue-ménage des outils de métal ; l'éternel bruit de ferraille quand il roulait. Le souvenir d'un jour où je l'ai accompagné dans le centre de Newark : j'avais à peine six ans, il a freiné si brusquement que le choc m'a envoyé buter de la tête contre le tableau de bord ; un attroupement de Noirs s'est aussitôt formé autour de la voiture pour voir si j'allais bien, une femme en particulier me tendait par la fenêtre ouverte un cornet de glace à la vanille et j'ai très poliment dit "non, merci", trop sonné pour savoir ce que je voulais. Ou un autre jour, dans une autre voiture, quelques années plus tard, quand il a craché par la fenêtre en oubliant qu'elle n'était pas baissée, ma joie sans bornes et sans raison à la vue de la salive glissant sur la vitre. Et aussi, lorsque j'étais encore petit, comment il m'emmenait parfois au restaurant juif dans des quartiers que je n'avais jamais vus, des endroits sombres peuplés de vieux, avec des tables garnies chacune d'une bouteille d'eau de Seltz bleue, et comment j'attrapais la nausée et laissais ma nourriture intouchée, me contentant de le regarder avaler goulûment bortsch, pirojki ou viandes bouillies recouvertes de raifort. Moi qui étais élevé à l'américaine et en savais moins sur mes ancêtres que sur le chapeau de Hopalong Cassidy. Ou encore, quand j'avais douze ou treize ans, voulant à tout prix sortir avec quelques amis, je l'avais appelé au bureau pour lui demander sa permission et lui, pris de court, ne sachant que dire, m'avait déclaré : "Vous n'êtes qu'une bande de blancs-becs", et pendant des années mes amis et moi (l'un d'eux est mort maintenant, d'une overdose d'héroïne), nous avons répété ces mots comme une expression folklorique, une blague nostalgique.

La taille de ses mains. Leurs cals.

Son goût pour la peau qui se forme sur le chocolat chaud.

Thé citron.

Les paires de lunettes cerclées d'écaille noire qui
traînaient dans toute la maison : sur les meubles de
cuisine, sur les tables, sur le bord des lavabos – toujours ouvertes, abandonnées comme d'étranges animaux d'une espèce inconnue.

Le voir jouer au tennis.

Sa manière de fléchir parfois les genoux en marchant.

Son visage.

Sa ressemblance avec Abraham Lincoln, les
gens en faisaient toujours la remarque.

Il n'avait jamais peur des chiens.

Son visage. Et encore son visage.

Poissons tropicaux.

Il donnait souvent l'impression d'être décon-
centré, d'oublier où il se trouvait, comme s'il avait
perdu le sens de sa propre continuité. Cela le rendait sujet aux accidents : ongles écrasés d'un coup
de marteau, innombrables petits accrochages en
voiture.

Sa distraction au volant : effrayante parfois. J'ai
toujours pensé que c'est une voiture qui aurait sa
peau.

A part cela il se portait si bien qu'il semblait
invulnérable, exempté de tous les maux physiques

qui nous affligent tous. Comme si rien, jamais, ne pouvait l'atteindre.

Sa manière de parler : comme s'il faisait un effort immense pour émerger de sa solitude, comme si sa voix était rouillée, avait perdu l'habitude de la parole. Il faisait des hem et des ah, s'éclaircissait la gorge, paraissait bredouiller à mi-phrase. On sentait, sans aucun doute, qu'il était mal à l'aise.

De même, quand j'étais petit, le voir signer son nom m'amusait toujours. Il ne pouvait se contenter de poser la plume sur le papier et d'écrire. Au moment de passer à l'acte, comme s'il avait inconsciemment repoussé le moment de vérité, il esquissait une fioriture préliminaire, un mouvement circulaire à quelques centimètres de la page, comme une mouche qui bourdonne sur place au-dessus de l'endroit où elle va se poser. C'était une variante de la signature de Norton dans *les Jeunes Mariés (The Honeymooners)* d'Art Carney.

Il avait même une prononciation un peu spéciale pour certains mots (*upown*, par exemple, au lieu de *upon*), comme une contrepartie vocale à ses jeux de mains. Cela avait quelque chose de musical, d'aéré. Quand il répondait au téléphone, il vous saluait d'un "allôoo" mélodieux. L'effet en était moins drôle qu'attachant. Il avait l'air un peu simplet, comme déphasé par rapport au reste du monde – mais pas de beaucoup. Juste d'un degré ou deux.

Tics indélébiles.

Il avait parfois des crises d'humeur folle, tendue, pendant lesquelles il faisait étalage d'opinions bizarres, sans les prendre vraiment au sérieux ; il s'amusait à jouer l'avocat du diable pour animer l'atmosphère. Taquiner les gens le mettait en joie et après vous avoir lancé une remarque particulièrement inepte il vous étreignait volontiers la jambe – toujours là où on est chatouilleux. Vraiment, il aimait vous "faire marcher".

La maison encore.

Si négligente que pût paraître, vue de l'extérieur, sa façon de s'en occuper, il avait foi en son système. Comme un inventeur fou jaloux du secret de sa machine à mouvement perpétuel, il ne souffrait aucune intervention. Entre deux appartements, ma femme et moi avons vécu chez lui pendant trois ou quatre semaines. Trouvant la pénombre oppressante, nous avions remonté tous les stores afin de permettre au jour de pénétrer. Quand, à son retour du bureau, il a vu ce que nous avions fait, il s'est mis dans une colère incontrôlable, tout à fait disproportionnée avec la faute que nous avions pu commettre.

Il manifestait rarement de telles rages – sauf s'il se sentait acculé, envahi, écrasé par la présence d'autrui. Des questions d'argent pouvaient les déclencher. Ou un détail sans importance : les stores de ses fenêtres, une assiette cassée, un rien.

Je pense néanmoins que cette colère couvait au fond de lui en permanence. Telle sa maison, qui paraissait bien en ordre alors qu'elle se désagrégeait du dedans, cet homme calme, d'une impassibilité quasi surnaturelle, subissait pourtant les tumultes d'une fureur intérieure incoercible. Toute sa vie, il s'est efforcé d'éviter la confrontation avec cette force en entretenant une espèce de comportement automatique qui lui permettait de passer à côté. En se créant des routines bien établies, il s'était libéré de l'obligation de s'interroger au moment de prendre des décisions. Il avait toujours un cliché aux lèvres ("Un beau bébé, je te félicite") en place des mots qu'il aurait dû se donner la peine de chercher. Tout ceci tendait à effacer sa personnalité. Mais c'était en même temps son salut, ce qui lui permettait de vivre. Dans la mesure où il était capable de vivre.

Dans un sac plein de clichés disparates : une photo truquée, prise dans un studio d'Atlantic City dans le courant des années quarante. Il s'y trouve en plusieurs exemplaires assis autour d'une table, chaque image saisie sous un angle particulier de sorte qu'on croit d'abord qu'il s'agit d'un groupe d'individus différents. L'obscurité qui les entoure, l'immobilité complète de leurs poses donnent l'impression qu'ils se sont réunis là pour une séance de spiritisme. Et puis si on y regarde bien on s'aperçoit que ces hommes sont tous le même homme. La séance devient réellement médiumnique, comme s'il ne s'y était rendu que pour s'évoquer lui-même, pour se rappeler d'entre les morts, comme si, en se multipliant, il s'était inconsidérément fait disparaître. Il est là cinq fois, mais la nature du trucage rend impossible tout échange de regards entre les personnages. Chacun est condamné à fixer le vide, comme sous les yeux des autres, mais sans rien voir, à jamais incapable de rien voir. C'est une représentation de la mort, le portrait d'un homme invisible.

Je commence lentement à comprendre l'absurdité de mon entreprise. Il me semble bien que j'essaie d'aller quelque part, comme si je savais ce que j'ai envie d'exprimer, mais plus j'avance, plus il me paraît certain qu'il n'existe aucune voie vers mon objectif. Il me faut inventer chaque étape de ma démarche, et cela signifie que je ne sais jamais avec certitude où je suis. J'ai l'impression de tourner en rond, de revenir sans cesse sur mes pas, de partir dans tous les sens à la fois. Même quand je parviens à progresser un peu, c'est sans la moindre certitude que cela me mènera où je crois. Le simple fait d'errer dans le désert n'implique pas l'existence de la Terre promise.

Au début, j'ai imaginé que cela viendrait spontanément, dans un épanchement proche de l'état de transe. Mon besoin d'écrire était si grand que je voyais l'histoire se rédiger d'elle-même. Mais jusqu'ici les mots arrivent très lentement. Même les meilleurs jours je n'ai pas réussi à faire plus d'une ou deux pages. Comme si j'étais en butte à une malédiction, à une défaillance de l'esprit, qui m'empêchent de me concentrer. Cent fois j'ai vu mes pensées s'égarer loin de leur objet. Je n'ai pas sitôt formulé une idée que celle-ci en évoque une autre, et puis une autre, jusqu'à une telle densité d'accumulation de détails que j'ai l'impression de suffoquer. Je n'avais encore jamais eu autant conscience du fossé qui sépare la pensée de l'écriture. En fait, depuis quelques jours, il me semble que l'histoire que j'essaie de raconter est comme incompatible avec le langage, qu'elle résiste au langage dans la mesure exacte où j'arrive près d'exprimer une chose importante, et que, le moment venu de dire la seule chose vraiment importante (à supposer qu'elle existe), j'en serai incapable.

J'avais une blessure, et je découvre maintenant qu'elle est très profonde. Au lieu de la guérir, comme je me le figurais, l'acte d'écrire l'a entretenue. Je sens par moments la douleur qui se concentre dans ma main droite, comme si, chaque fois que je prends la plume et l'appuie sur la page, ma main était lacérée. Au lieu de m'aider à enterrer mon père, ces mots le maintiennent en vie, plus en vie peut-être que jamais. Je ne le vois plus seulement tel qu'il était, mais tel qu'il est, tel qu'il sera, et il est là tous les jours, il envahit mes pensées, me surprend sans avertissement : gisant sous terre dans son cercueil, encore intact, avec les ongles et les cheveux qui continuent de pousser. L'impression que si je veux comprendre quelque chose, je dois percer cette image d'obscurité, pénétrer les ténèbres absolues de la terre.

Kenosha, Wisconsin. 1911 ou 1912. Même lui n'était pas sûr de la date. Dans le désordre d'une grande famille d'immigrants, on n'attachait pas beaucoup d'importance aux extraits de naissance. Ce qui compte c'est qu'il était le dernier de cinq enfants survivants – une fille et quatre garçons, tous nés en l'espace de huit ans – et que sa mère, une petite femme sauvage qui parlait à peine l'anglais, maintenait l'unité de la famille. Elle était la matriarche, le dictateur absolu, souverain moteur au centre de l'univers.

Mon grand-père était mort en dix-neuf, ce qui signifie que depuis sa tendre enfance mon père avait été privé du sien. Quand j'étais petit, il m'a raconté trois versions différentes de la mort de celui-ci. Dans la première, mon grand-père avait été tué lors d'un accident de chasse. Dans la deuxième, il était tombé d'une échelle. Dans la troisième, il avait été abattu au cours de la Première Guerre mondiale. Conscient que ces contradictions n'avaient aucun sens, je les supposais dues au fait que mon père lui-même ne connaissait pas la vérité. Il était si jeune quand c'est arrivé – sept ans seulement –

que j'imaginais qu'on ne la lui avait pas racontée. Mais ceci non plus n'avait pas de sens. Assurément, l'un de ses frères aurait pu lui dire ce qui s'était passé.

Mais tous mes cousins m'ont dit qu'eux aussi avaient reçu de leurs pères plusieurs explications.

Personne ne parlait de mon grand-père. Il y a quelques années à peine, je n'avais encore jamais vu une photo de lui. Comme si la famille avait décidé de faire semblant qu'il n'avait jamais existé.

Parmi les clichés retrouvés chez mon père le mois dernier, il y avait un seul portrait de famille, datant de ces temps anciens à Kenosha. Tous les enfants y sont. Mon père, qui n'a pas plus d'un an, est assis sur les genoux de sa mère et les quatre autres sont debout autour d'elle dans l'herbe haute. Il y a deux arbres derrière eux et derrière les arbres une grande maison de bois. Tout un monde semble surgir de cette image : une époque précise, un lieu précis, et l'indestructible notion de passé. La première fois que je l'ai regardée, j'ai remarqué qu'elle avait été déchirée en son milieu et maladroitement recollée, de sorte que l'un des arbres à l'arrière-plan paraît étrangement suspendu dans les airs. J'ai supposé que c'était arrivé par accident et n'y ai plus pensé. Mais la seconde fois je l'ai mieux observée et j'ai découvert des choses qu'il fallait être aveugle pour n'avoir pas aperçues. J'ai vu le bout des doigts d'un homme contre le torse d'un de mes oncles. J'ai vu, très distinctement, que la main d'un autre de mes oncles ne reposait pas, comme je l'avais cru d'abord, sur l'épaule de son frère, mais sur le dossier d'un siège absent. Et j'ai compris alors ce que cette photo avait de bizarre : mon grand-père en avait été éliminé. L'image était faussée parce qu'on en avait coupé une partie. Mon grand-père avait dû être assis dans un fauteuil à côté de sa femme avec un de ses fils debout entre les genoux, et il n'y était plus. Il ne restait que le bout de ses doigts : comme s'il essayait de se faufiler dans la scène, émergeant de quelque abîme du temps, comme s'il avait été exilé dans une autre dimension.

J'en avais le frisson.

Il y a quelque temps que j'ai appris l'histoire de la mort de mon grand-père. Sans une coïncidence extraordinaire, elle serait restée à jamais ignorée.

En 1970, une de mes cousines est partie en vacances en Europe avec son mari. Dans l'avion, elle était assise à côté d'un vieil homme et, comme cela se fait souvent, ils ont bavardé pour passer le temps. Il se trouve que cet homme habitait Kenosha, dans le Wisconsin. Amusée par la coïncidence, ma cousine a dit que son père y avait vécu quand il était enfant. Curieux, son voisin lui a demandé le nom de sa famille. Quand elle a dit Auster, il a pâli. Auster ? Votre grand-mère n'était pas une petite femme cinglée avec des cheveux roux ? Oui, c'est tout ma grand-mère, a-t-elle répondu. Une petite femme cinglée avec des cheveux roux.

C'est alors qu'il lui a raconté l'histoire. Il y avait plus de cinquante ans que c'était arrivé, mais il se souvenait encore de tous les faits essentiels.

Rentré chez lui à la fin de ses vacances, il s'est mis à la recherche des articles de journaux relatifs à l'événement, les a photocopiés et envoyés à ma cousine. Voici la lettre qui leur était jointe :

Le 15 juin 1970

Chère... et cher...

Votre lettre m'a fait plaisir et, bien que la tâche ait pu sembler ardue, j'ai eu un coup de chance. – Fran et moi sommes allés dîner chez un certain Fred Plons et sa femme, et c'est le père de Fred qui a racheté à votre famille l'immeuble à appartements de Park Avenue. – M. Plons doit avoir trois ans de moins que moi, mais il affirme qu'à l'époque cette affaire l'avait fasciné, et il se rappelle bien plusieurs détails. – Il a mentionné que votre grand-père a été la première personne enterrée dans le cimetière juif de Kenosha. – (Avant 1919 les juifs n'avaient pas de cimetière à Kenosha, ils devaient faire enterrer les leurs à Chicago ou à Milwaukee.) Grâce à ce renseignement, je n'ai eu aucune difficulté à localiser l'endroit où repose votre grand-père. – Et cela m'a permis de préciser la date. Le reste se trouve dans les copies que je vous envoie.

Je vous demande seulement que votre père n'ait jamais connaissance de l'information que

je vous transmets – je ne voudrais pas lui infli-
ger ce chagrin supplémentaire après ce qu'il a
déjà connu...

J'espère que ceci jettera un peu de lumière
sur le comportement de votre père au cours des
années écoulées.

Nos pensées très affectueuses à vous deux,

Ken et Fran.

Ces articles sont là, sur mon bureau. Maintenant que le moment est venu d'en parler, je me surprends à faire n'importe quoi pour le retarder. Toute la matinée j'ai tergiversé. Je suis allé vider les poubelles. J'ai joué dans le jardin avec Daniel pendant près d'une heure. J'ai lu le journal entier, y compris les résultats des matchs d'entraînement. Même en ce moment où je décris ma répugnance à écrire, je suis insupportablement agité. Tous les deux ou trois mots je bondis de ma chaise, je marche de long en large, j'écoute le vent qui bouscule les gouttières branlantes contre la maison. La moindre chose me distrait.

Ce n'est pas que j'aie peur de la vérité. Je n'ai même pas peur de la dire. Ma grand-mère a assassiné mon grand-père. Le 23 janvier 1919, soixante ans exactement avant la mort de mon père, sa mère a tué son père d'un coup de feu dans la cuisine de leur maison, avenue Frémont à Kenosha, Wisconsin. En eux-mêmes, les faits ne me troublent pas plus qu'on ne peut s'y attendre. Ce qui est difficile, c'est de les voir imprimés – exhumés, pour ainsi dire, du domaine des secrets, livrés au domaine public. Il y a plus de vingt articles, longs pour la plupart, tous extraits du *Kenosha Evening News*. Bien qu'à peine lisibles, rendus presque indistincts par l'âge et les hasards de la photocopie, ils ont encore le pouvoir de bouleverser. Je suppose qu'ils sont typiques du journalisme de l'époque, mais ils n'en sont pas moins sensationnels. C'est un mélange de ragots et de sentimentalisme, corsé du fait que les acteurs du drame étaient juifs – donc étranges, par définition –, d'où un ton souvent sarcastique, condescendant. Pourtant, en dépit des défauts de style, les faits semblent s'y trouver. Je ne crois pas qu'ils expliquent tout, mais il est indiscutable qu'ils expliquent beaucoup. Un enfant ne peut pas vivre ce genre de chose sans en garder des traces une fois adulte.

Dans les marges de ces articles, je peux tout juste déchiffrer quelques traces d'informations de moindre importance à l'époque, des événements que la comparaison avec le meurtre reléguait presque à l'insignifiance. Par exemple, la découverte du corps de Rosa Luxemburg dans le canal du Landwehr. Par exemple, la conférence pour la paix à Versailles. Et encore, jour après jour : l'affaire Eugène Debs ; un commentaire du premier film de Caruso ("On dit que les situations... sont très dramatiques et pleines d'une grande émotion.") ; des reportages sur la guerre civile en Russie ; les funérailles de Karl Liebknecht et de trente et un autres spartakistes ("Plus de cinquante mille personnes ont suivi le cortège, long d'environ huit kilomètres. Au moins vingt pour cent des participants portaient des couronnes de fleurs. Il n'y eut ni cris ni acclamations.") ; la ratification de l'amendement national sur la prohibition ("William Jennings Bryan – l'homme qui a fait la célébrité du jus de raisin – arborait un large sourire.") ; à Lawrence, Massachusetts, une grève dans le textile conduite par les Wobblies ; la mort d'Emiliano Zapata, "chef de brigands dans le sud du Mexique" ; Winston Churchill ; Béla Kun ; Lénine premier ministre (sic) ; Woodrow Wilson ; Dempsey contre Willard.

J'ai lu une douzaine de fois les articles consacrés au meurtre. Pourtant j'ai peine à admettre que je n'ai pas rêvé. Ils m'obsèdent avec toute la force d'une manœuvre de l'inconscient et déforment la réalité à la manière des rêves. Parce que les énormes manchettes qui annoncent le crime éclipsent tout ce qui est arrivé d'autre dans le monde ce jour-là, elles confèrent à l'événement la même prépondérance égocentrique que nous accordons à ceux de notre vie privée. Un peu comme ce que dessinerait un enfant troublé par une peur inexprimable : la chose la plus importante est toujours la plus grande. La perspective cède le pas aux proportions – qui ne sont pas dictées par l'œil mais par les exigences de l'esprit.

J'ai lu ces articles comme de l'Histoire. Mais aussi comme des peintures rupestres découvertes sur les parois internes de mon crâne.

Le premier jour, 24 janvier, les manchettes couvrent plus d'un tiers de la une.

HARRY AUSTER ASSASSINÉ
SON ÉPOUSE EN GARDE A VUE

Un ancien agent immobilier bien connu
a été tué par balles dans la cuisine
de la maison de sa femme
jeudi soir, à la suite d'une altercation
familiale à propos d'argent – et d'une femme.

L'ÉPOUSE AFFIRME QUE SON MARI S'EST SUICIDÉ

Le mort avait été blessé au cou et dans la hanche
gauche et la femme reconnaît que le revolver
avec lequel les balles ont été tirées lui appartenait.
Le fils âgé de neuf ans, témoin de la tragédie,
détient peut-être la solution du mystère.

D'après le journal, "Auster et sa femme étaient séparés depuis quelque temps et une action en divorce avait été déposée devant le tribunal civil du comté de Kenosha. Ils avaient eu à plusieurs reprises des difficultés pour des questions d'argent. Ils s'étaient aussi querellés parce que Auster (illisible) amicales avec une jeune femme connue de l'épouse sous le nom de «Fanny». On pense qu'il a été question de «Fanny» lors du différend qui a précédé le coup de feu…"

Comme ma grand-mère n'a rien avoué avant le 26 janvier, les relations de l'événement étaient plutôt confuses. Mon grand-père (alors âgé de trente-six ans) était arrivé chez sa femme à six heures du soir avec des "costumes" pour ses deux fils aînés alors que, selon les témoignages, Mme Auster était dans la chambre en train de coucher Sam, le plus jeune. Sam (mon père) a affirmé n'avoir pas vu sa mère prendre un revolver sous le matelas en le bordant dans son lit.

Il semble que mon grand-père ait alors été réparer un interrupteur dans la cuisine et que l'un de mes oncles (le cadet) l'ait éclairé à l'aide d'une bougie. "L'enfant a déclaré avoir été pris de panique en entendant la détonation et en voyant l'éclair d'un revolver, et s'être enfui de la pièce." D'après ma grand-mère, mon grand-père s'était suicidé. Elle admettait qu'ils s'étaient disputés pour des questions d'argent et "il a dit alors, continuait-elle, «ceci sera ta fin ou la mienne», en me menaçant. J'ignorais qu'il avait le revolver. Je l'avais mis sous mon matelas et il le savait."

Comme ma grand-mère parlait à peine l'anglais, j'imagine que cette déclaration, comme toutes celles qu'on lui a attribuées, sont des inventions des journalistes. Quoi qu'il en soit, on ne l'a pas crue. "Mme Auster a répété son histoire aux différents officiers de police sans y apporter de changement notable, et elle a manifesté une grande surprise en apprenant qu'elle allait être arrêtée. Elle a embrassé le petit Sam avec beaucoup de tendresse avant de s'en aller à la prison du comté."

"Les deux petits Auster ont été hier soir les hôtes du département de police. Ils ont dormi dans la salle de garde et semblaient ce matin tout à fait remis de la frayeur provoquée par la tragédie qui s'est déroulée chez eux."

Vers la fin de l'article, on trouve ces renseignements sur mon grand-père : "Harry Auster est né en Autriche. Arrivé dans notre pays il y a de nombreuses années, il a d'abord vécu à Chicago, puis au Canada et enfin à Kenosha. D'après ce qu'on a raconté à la police, lui et sa femme sont retournés en Autriche par la suite, mais elle avait rejoint son mari ici à l'époque de leur installation à Kenosha. Auster avait acheté plusieurs maisons dans le deuxième arrondissement et ses affaires se sont maintenues un certain temps sur une grande échelle. Il a construit le triple immeuble à appartements sur South Park Avenue et un autre, généralement appelé «Maison Auster» sur South Exchange Street. Voici six ou huit mois, il a connu des revers de fortune…

"Il y a quelque temps, Mme Auster a fait appel à la police pour demander qu'on surveille son mari, dont elle prétendait qu'il avait des relations avec une jeune femme et qu'il fallait ouvrir une enquête. C'est ainsi que les policiers ont entendu parler pour la première fois de la nommée «Fanny»…

"De nombreuses personnes ont vu Auster jeudi après-midi et ont bavardé avec lui, et tous témoignent qu'il paraissait normal et n'avait en rien l'apparence d'un homme qui songerait à s'ôter la vie."

L'enquête du coroner eut lieu le lendemain. Etant seul à avoir assisté au drame, mon oncle fut cité comme témoin. "Vendredi après-midi, un petit garçon aux yeux tristes, qui jouait nerveusement avec son bonnet de laine, a écrit le second chapitre du mystère du meurtre Auster... Ses tentatives de sauvegarder le nom de sa famille étaient tragiques, pathétiques. Chaque fois qu'on lui demandait si ses parents s'étaient querellés, il répondait : «Ils bavardaient simplement» jusqu'à ce qu'enfin, paraissant se souvenir de son serment, il ajoute : «Et disputés, peut-être, un tout petit peu.»" L'article décrit les jurés comme "étrangement émus par les efforts de l'enfant pour protéger à la fois son père et sa mère".

Il est clair que la version du suicide n'allait pas être retenue. Dans le dernier paragraphe, le journaliste ajoute que "les officiels font allusion à de possibles développements de nature surprenante".

Et puis vint l'enterrement. Ce fut pour le reporter anonyme l'occasion d'imiter le ton le plus choisi du mélodrame victorien. Le meurtre n'était plus seulement un scandale. C'était devenu un spectacle passionnant.

UNE VEUVE AUX YEUX SECS
SUR LA TOMBE D'AUSTER

Dimanche, sous bonne garde, Mme Anna Auster
assiste aux funérailles de son mari.

"Sans une larme, sans la moindre marque d'émotion, Mme Harry Auster, qui est gardée à vue depuis la mort mystérieuse de son mari, a assisté dimanche matin sous bonne garde à l'enterrement de l'homme dont la mort a provoqué sa détention.

"Ni à la chapelle de Crossin, où elle a revu pour la première fois depuis jeudi soir le visage de son mari décédé, ni au cimetière, elle n'a montré le plus petit signe d'attendrissement. Le seul indice qu'elle fût peut-être en train de céder à la pression de cette épreuve terrible est le fait que, sur la tombe, après la fin des obsèques, elle a demandé un entretien pour l'après-midi au révérend M. Hartman, rabbin de la congrégation B'nai Zadek…

"A la fin du rituel, elle a calmement resserré son col de fourrure sur la gorge et signifié aux officiers de police qu'elle était prête à partir.

"Après une courte cérémonie, le cortège funèbre s'est formé dans Wisconsin Street. Mme Auster a demandé à être également autorisée à se rendre au cimetière, requête que la police lui a accordée volontiers. Elle semblait très irritée qu'on n'ait pas prévu de voiture à son intention, en souvenir peut-être de la courte période d'apparente opulence où l'on voyait dans Kenosha la limousine des Auster…

66

"L'épreuve a duré exceptionnellement longtemps car il y avait du retard dans la préparation de la tombe. Pendant qu'elle attendait, elle a appelé près d'elle son fils Sam, le plus jeune, et a refermé avec soin le col de son manteau. Elle lui a parlé avec calme, mais à cette exception près a gardé le silence jusqu'à la fin de la cérémonie...

"Une des personnalités marquantes à cet enterrement était Samuel Auster, de Detroit, le frère de Harry Auster. Il a veillé avec un soin particulier sur les enfants les plus jeunes et s'est efforcé de les consoler de leur chagrin.

"Paroles et attitudes d'Auster donnaient l'impression d'une grande amertume devant la mort de son frère. Il a montré clairement qu'il ne croit pas à la thèse du suicide et proféré contre la veuve quelques remarques qui ressemblaient à des accusations...

"Le révérend M. Hartman... a fait un sermon éloquent au bord de la tombe. Déplorant le fait que la première personne enterrée dans ce cimetière soit morte de mort violente, tuée en pleine jeunesse, il a rendu hommage à l'esprit entreprenant de Harry Auster mais regretté son décès prématuré.

"La veuve ne semblait pas émue par les éloges décernés à son mari défunt. C'est d'un geste indifférent qu'elle a ouvert son manteau pour permettre au patriarche de faire un accroc dans son chandail, comme le recommande la liturgie juive en signe de douleur.

"A Kenosha, les officiels ne sont pas près d'abandonner l'idée qu'Auster a été tué par sa femme…"

Le journal du lendemain, le 26 janvier, rapporte la nouvelle de la confession. Après avoir vu le rabbin, Mme Auster avait demandé un entretien avec le chef de la police. "En entrant dans la pièce elle tremblait un peu et il était clair qu'elle était agitée. Le chef de la police lui a avancé un siège. «Vous savez ce que votre petit garçon nous a dit, a-t-il commencé quand il a senti que le moment psychologique était arrivé. Vous ne souhaitez pas que nous pensions qu'il nous ment, n'est-ce pas ?» Et la mère, dont le visage impassible, depuis des jours, ne laissait rien deviner des horreurs qu'il dissimulait, a jeté le masque et, soudain devenue tendre, a raconté avec des sanglots son terrible secret. «Il ne vous a pas menti ; tout ce qu'il vous a raconté est vrai. Je l'ai tué et je veux avouer.»"

Voici sa déposition officielle : "Je m'appelle Anna Auster. J'ai tué Harry Auster dans la ville de Kenosha, Wisconsin, le 23 janvier de l'an 1919. J'ai entendu dire qu'il y avait eu trois coups de feu mais je ne me rappelle pas combien de coups ont été tirés ce jour-là. La raison pour laquelle j'ai tué ledit Harry Auster est que lui, ledit Harry Auster, en avait mal usé envers moi. J'étais comme folle quand j'ai tiré sur ledit Harry Auster. Je n'ai jamais pensé le tuer, ledit Harry Auster, jusqu'au moment où j'ai tiré sur lui. Je crois que cette arme est celle avec laquelle j'ai tué ledit Harry Auster. Je fais cette déclaration de ma propre volonté et sans y être contrainte."

Le journaliste poursuit : "Sur la table devant Mme Auster se trouvait le revolver avec lequel son mari a été abattu. En le mentionnant, elle l'a effleuré avec hésitation pour aussitôt retirer sa main avec un net frisson d'horreur. Sans un mot, le chef a poussé l'arme de côté, puis il a demandé à Mme Auster si elle désirait ajouter quelque chose.

"«C'est tout pour le moment, a-t-elle répondu avec calme. Signez pour moi et je ferai ma marque.»

"On a obéi à ses ordres – depuis quelques instants elle était de nouveau quasi royale –, elle a ratifié la signature et demandé qu'on la ramène dans sa cellule..."

Le lendemain, lors de l'établissement de l'acte d'accusation, son avocat a plaidé non coupable. "Emmitouflée dans un manteau somptueux et portant un boa de renard, Mme Auster est entrée dans la salle d'audience. En s'asseyant à sa place, elle a adressé un sourire à une amie dans la foule."

De l'aveu du reporter, l'audience s'est déroulée "sans accroc". Il n'a cependant pas pu résister à la tentation d'ajouter : "Un incident survenu au moment où elle retournait derrière les barreaux donne une indication sur l'état d'esprit de Mme Auster.

"Une femme accusée de relations avec un homme marié avait été arrêtée et emprisonnée dans la cellule voisine de la sienne. A sa vue, Mme Auster a demandé qui elle était et appris ce qui lui était reproché.

"«Elle devrait en prendre pour dix ans, s'est-elle exclamée tandis que la porte de fer résonnait sans pitié. C'est à cause d'une de ses pareilles que je suis ici.»"

Après des discussions légales compliquées à propos de la caution, qui ont été traînées en longueur pendant plusieurs jours, elle a été libérée. "«Avez-vous le moindre soupçon que cette femme pourrait ne pas se présenter au procès ?» a demandé le juge aux avocats. C'est Me Baker qui a répondu : «Où irait une mère de cinq enfants ? Elle leur est attachée et la Cour peut constater qu'ils tiennent à elle.»"

Pendant une semaine, la presse est restée silencieuse. Puis, le 8 février, il y a eu toute une histoire à propos du "soutien actif apporté à l'affaire par certains journaux publiés à Chicago en langue yiddish. Dans certains de ces journaux des articles commentent le cas de Mme Auster et on affirme qu'ils ont vivement pris son parti...

"Vendredi après-midi, Mme Auster était assise avec l'un de ses enfants dans le bureau de son avocat pendant la lecture d'extraits de ces articles. Elle sanglotait comme un enfant tandis que l'interprète en expliquait le contenu à l'homme de loi...

"Me Baker a déclaré ce matin que la défense de Mme Auster se fonderait sur la folie émotionnelle…

"On s'attend à ce que le procès de Mme Auster soit l'un des jugements pour homicide les plus intéressants jamais rendus par le tribunal de Kenosha, et l'on pense que l'aspect humain de l'histoire telle qu'elle a été jusqu'ici représentée dans la défense de cette femme sera largement exploité durant le procès."

Ensuite un mois sans rien. Les titres du 10 mars annoncent :

ANNA AUSTER A TENTÉ DE SE SUICIDER

La tentative de suicide avait eu lieu à Peterborough, Ontario, en 1910 – elle avait absorbé du phénol et ouvert le gaz. L'avocat a porté cette information devant le tribunal afin qu'on lui accorde un report du procès qui lui donnerait le temps nécessaire pour obtenir des dépositions. "Me Baker soutient que par la même occasion cette femme avait mis en grave danger la vie de deux de ses enfants, et que l'histoire de cette tentative de suicide est importante dans la mesure où elle est révélatrice de l'état mental de Mme Auster."

Le 27 mars. La date du procès est fixée au 7 avril. Ensuite encore une semaine de silence. Et puis le 4 avril, comme si tout cela devenait un peu terne, un nouveau rebondissement.

AUSTER TIRE SUR LA VEUVE DE SON FRÈRE

"Sam Auster, frère de Harry Auster... a tenté sans succès de venger la mort de son frère ce matin juste après dix heures en tirant sur Mme Auster... Cela s'est passé devant l'épicerie Miller...

"Auster est sorti à la suite de Mme Auster et a tiré une fois dans sa direction. Bien que le coup ne l'ait pas atteinte, Mme Auster s'est effondrée sur le trottoir et Auster est rentré dans le magasin en déclarant, au dire des témoins : «Eh bien voilà, je suis content d'avoir fait ça.» Après quoi il a attendu calmement qu'on vienne l'arrêter.

"Au poste de police... Auster, nerveusement très abattu, a expliqué son acte.

"«Cette femme, affirmait-il, a tué mes quatre frères et ma mère. J'ai essayé d'intervenir, mais elle ne me laisse pas faire.» Pendant qu'on le conduisait en prison, il sanglotait : «Dieu prendra mon parti, j'en suis sûr.»

"Dans sa cellule, Auster a déclaré avoir essayé tout ce qui était en son pouvoir pour aider les enfants de son frère défunt. Il était depuis peu obsédé par le refus du tribunal de le nommer administrateur de la succession, parce qu'il avait été décrété que la veuve avait des droits en cette affaire... «Ce n'est pas une veuve, c'est une criminelle, elle ne devrait avoir aucun droit», s'est-il exclamé aujour-d'hui à ce propos...

"Auster ne sera pas immédiatement traduit en justice, afin qu'une enquête approfondie puisse être menée sur son affaire. La police admet la possibilité que la mort de son frère et les événements qui l'ont suivie aient pesé sur son esprit au point qu'il ne soit pas tout à fait responsable de son acte. Auster a exprimé à plusieurs reprises l'espoir de mourir aussi et toute précaution sera prise pour l'empêcher d'attenter à ses jours…"

Le journal du lendemain ajoutait ceci : "Auster a passé une nuit très agitée sous les verrous. Les policiers l'ont trouvé plusieurs fois en train de pleurer dans sa cellule, et son comportement était celui d'un hystérique.…

"Il a été reconnu que Mme Auster a éprouvé un «grave choc nerveux» par suite de la frayeur éprouvée lors de l'attentat dont elle a été l'objet vendredi, mais on a estimé qu'elle serait capable de se présenter au tribunal lundi après-midi, quand son affaire sera jugée."

La procédure d'accusation a duré trois jours. L'avocat général, qui soutenait la thèse de la préméditation, comptait principalement sur le témoignage d'une certaine Mme Matthews, employée de l'épicerie Miller, qui affirmait que "Mme Auster était venue trois fois au magasin le jour du crime pour utiliser le téléphone. L'une des trois fois, disait le témoin, Mme Auster a appelé son mari pour lui demander de venir réparer une lampe. Elle a mentionné qu'Auster lui avait promis de venir à six heures."

Mais même si elle l'a prié de venir chez elle, cela ne signifie pas qu'elle avait l'intention de le tuer.

De toute manière, ça revient au même. Quels qu'aient pu être les faits, l'avocat de la défense a retourné habilement toute la situation à son avantage. Sa stratégie consistait à apporter des preuves écrasantes sur deux fronts – l'infidélité de mon grand-père, d'une part, et d'autre part la démonstration que ma grand-mère avait un passé d'instabilité mentale – et à établir grâce à la combinaison des deux que l'affaire relevait du meurtre avec circonstances atténuantes ou de l'homicide "en état de folie". L'un ou l'autre conviendrait.

Dès son préambule, Me Baker avait calculé ses remarques de manière à tirer du jury toute la sympathie possible. "Il a raconté comme Mme Auster avait peiné avec son mari pour édifier leur foyer et le bonheur qu'ils avaient connu jadis à Kenosha après des années de difficulté... «Alors, après l'effort commun qu'ils avaient fourni pour établir leur famille, continuait Me Baker, voilà cette sirène qui arrive de la ville et Anna Auster est abandonnée comme un chiffon. Au lieu de nourrir les siens, son mari avait installé Fanny Koplan dans un appartement à Chicago. L'argent qu'Anna avait aidé à accumuler était dépensé sans compter pour une femme plus belle et devant une telle trahison faut-il s'étonner qu'elle ait eu l'esprit dérangé et perdu un instant le contrôle de sa raison ?»"

Le premier témoin de la défense était Mme Elizabeth Grossman, l'unique sœur de ma grand-mère, qui vivait dans une ferme près de Brunswick, dans le New Jersey. "C'était un témoin splendide. Avec simplicité, elle a raconté l'histoire de la vie de Mme Auster ; sa naissance en Autriche ; la mort de sa mère quand Mme Auster n'avait que six ans ; le voyage que les deux sœurs avaient accompli huit ans plus tard pour venir dans ce pays ; les longues heures passées à fabriquer des chapeaux et des bonnets chez des modistes de New York ; les quelques centaines de dollars que la petite immigrante avait économisés grâce à ce travail. Elle a dit le mariage de la jeune femme avec Auster juste après son vingt-troisième anniversaire et leurs tentatives de se lancer dans les affaires ; l'échec qu'ils avaient connu avec une petite confiserie, et leur long voyage jusqu'à Lawrence, dans le Kansas, où ils avaient tenté de redémarrer, et où le premier enfant était né ; le retour à New York et leur deuxième échec dans les affaires, qui s'était terminé par une faillite et la fuite d'Auster au Canada. Elle a raconté comment Mme Auster l'y avait suivi ; comment Auster avait déserté sa femme et ses jeunes enfants en annonçant qu'il allait «se fich' en l'air» (sic) et comment il avait prévenu sa femme qu'il prenait cinquante dollars pour qu'on les trouve sur lui quand il serait mort et qu'ils servent à l'enterrer décemment… Elle a rappelé qu'ils avaient vécu au Canada sous le nom de M. et Mme Harry Ball…

"Le récit de Mme Grossman s'étant interrompu faute d'informations, celles-ci ont été fournies par MM. Archie Moore, ancien chef de la police, et

Abraham Low, tous deux du comté de Peterborough, au Canada. Ces messieurs ont décrit le
départ d'Auster de Peterborough et le chagrin de
sa femme. Auster, ont-ils rapporté, avait quitté
la ville le 14 juillet 1909 et la nuit suivante,
Moore avait trouvé son épouse dans une chambre
de leur misérable maison, souffrant des effets du
gaz. Elle était couchée avec ses enfants sur un matelas posé sur le sol cependant que le gaz s'échap-
pait des quatre brûleurs ouverts. Moore a parlé aussi
du flacon de phénol qu'il avait trouvé dans la pièce
et des traces de phénol qui avaient été découvertes
sur les lèvres de Mme Auster. On l'avait emmenée à l'hôpital, déclarait le témoin, et elle avait été
malade pendant plusieurs jours. Les deux hommes
ont exprimé l'opinion qu'à l'époque où elle a attenté
à sa vie, au Canada, Mme Auster présentait sans
aucun doute des signes d'aliénation."

Parmi les autres témoins se trouvaient aussi les
deux aînés des enfants, qui ont l'un et l'autre fait
la chronique des difficultés domestiques. Il a été
beaucoup question de Fanny, et aussi des cha-
mailleries fréquentes à la maison. "Il a raconté
qu'Auster avait l'habitude de lancer des assiettes
et des verres et qu'un jour sa mère avait été si gravement coupée au bras qu'il avait fallu appeler un
médecin pour la soigner. Il a raconté qu'en de
telles occasions son père usait envers sa mère d'un
langage grossier et indécent…"

Une dame de Chicago a témoigné qu'elle avait
fréquemment vu ma grand-mère se frapper la tête

contre les murs au cours de crises d'angoisse. Un officier de police de Kenosha, qu'un jour "il avait vu Mme Auster en train de courir comme une folle dans la rue. Il a déclaré qu'elle était «plus ou moins échevelée» et ajouté qu'elle se conduisait comme une femme qui a perdu l'esprit." On a aussi fait venir un médecin, qui a confirmé qu'elle avait souffert de "délire aigu".

L'interrogatoire de ma grand-mère a duré trois heures. "Entre des sanglots étouffés et le recours aux larmes, elle a raconté toute sa vie avec Auster jusqu'au moment de l'«accident»... Mme Auster a parfaitement soutenu l'épreuve difficile des questions contradictoires et trois versions de son histoire se sont révélées presque identiques."

Dans sa péroraison, "Me Baker a plaidé avec force et émotion pour l'acquittement de Mme Auster. Parlant pendant près d'une heure et demie, il a rappelé avec éloquence les antécédents de Mme Auster... Mme Auster a été plusieurs fois émue aux larmes par les déclarations de son avocat et dans le public des femmes ont pleuré à maintes reprises en écoutant celui-ci dépeindre les luttes de cette femme immigrée pour défendre son foyer."

Le juge n'a donné le choix aux jurés qu'entre deux verdicts : coupable ou innocente du meurtre. Il leur a fallu moins de deux heures pour se mettre d'accord. Comme il est dit dans le bulletin du 12 avril, "à quatre heures trente, cet après-midi, le jury dans le procès de Mme Anna

Auster a rendu son verdict et déclaré l'accusée
non coupable".

14 avril. "«Je suis plus heureuse maintenant
que je ne l'ai été depuis dix-sept ans», a déclaré
Mme Auster samedi après-midi en serrant la main
de chacun des jurés après la lecture du verdict.
«Tant qu'Harry vivait, a-t-elle confié à l'un d'eux,
j'étais préoccupée. Je n'ai jamais vraiment connu
le bonheur. A présent je regrette qu'il soit mort de
ma main. Je suis aussi heureuse que je pense pouvoir l'être jamais…»

"A la sortie du tribunal, Mme Auster était accompagnée de sa fille… et de ses deux plus jeunes fils,
qui avaient attendu patiemment dans la salle d'audience le jugement qui libérerait leur mère.

"Dans la prison du comté, Sam Auster…, bien
qu'il n'y comprenne rien, se dit prêt à se plier à la
décision des douze jurés…

"«Hier soir, en entendant le résultat, a-t-il déclaré dimanche matin pendant une interview, je suis
tombé par terre. Je ne pouvais pas croire qu'elle
allait s'en tirer complètement libre après avoir tué
mon frère, son mari. Tout cela me dépasse. Je ne
comprends pas, mais je n'insisterai pas. J'ai essayé
une fois de régler les choses à ma façon, j'ai
échoué, et je n'ai plus qu'à accepter la décision du
tribunal.»"

Le lendemain lui aussi a été libéré. "«Je reprends
mon travail à l'usine, a-t-il dit à l'avocat général.

Dès que j'aurai assez d'argent, je ferai dresser une pierre sur la tombe de Harry, et ensuite je consacrerai mon énergie à assurer la subsistance des enfants d'un autre de mes frères, qui vivait en Autriche et est mort au combat dans l'armée autrichienne.»

"La conférence de ce matin a révélé que Sam Auster est le dernier des cinq frères Auster. Trois d'entre eux ont combattu dans l'armée autrichienne pendant la guerre mondiale et tous trois sont tombés au champ d'honneur."

Dans le dernier paragraphe du dernier article consacré à l'affaire, le journal rapporte que "Mme Auster a le projet de partir vers l'Est avec ses enfants dans quelques jours… On dit qu'elle a pris cette décision sur l'avis de ses avocats, qui lui ont conseillé de refaire sa vie dans un lieu nouveau, un lieu où personne ne connaîtrait l'histoire de son procès."

C'était, sans doute, un dénouement heureux. Du moins pour les lecteurs de journaux de Kenosha, pour l'astucieux Me Baker et, bien entendu, pour ma grand-mère. Et il n'a plus été question des aventures de la famille Auster. L'histoire officielle s'achève avec l'annonce de leur départ vers l'Est.

Je ne connais presque rien de la suite, car mon père me parlait rarement du passé. Mais j'ai pu, à partir des quelques détails qu'il avait évoqués, me faire une idée assez fidèle du climat dans lequel ils ont vécu.

Par exemple, ils déménageaient tout le temps. Il n'était pas rare que mon père fréquentât deux, parfois même trois écoles différentes au cours d'une seule année. Comme ils n'avaient pas d'argent, leur vie était devenue une succession de fuites, de propriétaires en créditeurs. Un tel nomadisme isola complètement cette famille déjà refermée sur elle-même. Ils n'avaient jamais de point de référence durable : ni maison, ni ville, ni amis sur lesquels ils auraient pu compter. Rien que la famille. C'était presque comme une quarantaine.

Mon père était le benjamin, et il continua toute sa vie à respecter ses trois frères aînés. Quand il était petit, on l'appelait "fiston". Il était asthmatique et souffrait d'allergies, était bon élève, jouait extérieur dans l'équipe de football, et il courait le quatre cents mètres au printemps. Il a terminé l'école pendant la première année de la dépression, suivi des cours du soir de droit pendant un ou deux semestres puis abandonné, exactement comme ses frères l'avaient fait avant lui.

Les quatre garçons se serraient les coudes. Leur loyauté mutuelle avait quelque chose de presque médiéval. Malgré qu'ils ne fussent pas toujours d'accord entre eux, que de bien des manières ils ne s'aimassent même pas, je ne pense pas à eux comme à quatre individus distincts mais comme à un clan, une quadruple image de solidarité. Trois d'entre eux – les trois plus jeunes – se sont retrouvés associés en affaires et habitant la même ville, et ils ont aidé le quatrième à s'établir dans une

ville du voisinage. Il se passait rarement une journée sans que mon père vît ses frères. Et cela pendant toute sa vie : tous les jours pendant plus de
soixante ans.

Ils prenaient les habitudes les uns des autres :
des expressions, de petits gestes, et tout cela se
confondait si bien qu'il était impossible de repérer
lequel était à l'origine de telle attitude ou de telle
idée. Les sentiments de mon père ne variaient pas :
jamais il n'a dit un mot à l'encontre de l'un d'eux.
Encore cette conception de l'autre défini par ce
qu'il est et non par ce qu'il fait. S'il arrivait que
l'un des frères lui portât tort ou agît de façon
répréhensible, il refusait toujours de le juger. C'est
mon frère, disait-il, comme si cela justifiait tout.
C'était là le premier principe, le postulat inatta-
quable, le seul et unique dogme. Autant que celle
de la foi en Dieu, sa remise en question eût été une
hérésie.

Comme il était le plus jeune, mon père était
le plus loyal des quatre et aussi celui qui jouissait le moins du respect des autres. C'était lui
qui travaillait le plus dur, qui était le plus généreux avec ses neveux et nièces, et pourtant cela
n'était jamais vraiment reconnu, moins encore
apprécié. En vérité, ma mère se souvient que le
jour de son mariage, au cours de la réception qui
suivait la cérémonie, un de ses beaux-frères lui a
fait des avances. Aurait-il été jusqu'au bout de
l'aventure, c'est une autre question. Mais le seul
fait de l'avoir ainsi taquinée donne une assez

bonne idée du peu de considération qu'il avait pour mon père. On ne se conduit pas de cette façon le jour où un homme se marie, surtout s'il est votre frère.

Au centre du clan se trouvait ma grand-mère, le type même de la maman juive des cavernes, mère entre les mères. Farouche, opiniâtre, le chef. C'est à cause de leur commune loyauté envers elle que les quatre frères sont restés si unis. Même adultes, mariés et pères de famille, ils continuaient à venir dîner chez elle, fidèlement, tous les vendredis soir – sans femmes ni enfants. C'était cette parenté-ci qui comptait, elle prenait le pas sur tout le reste. Cela devait avoir quelque chose d'un peu comique : quatre hommes grands et forts, ils mesuraient tous plus d'un mètre quatre-vingts, entourant une petite vieille dame qui faisait bien trente centimètres de moins qu'eux.

Un jour, à l'une des rares occasions où ils étaient là avec leurs épouses, un voisin entré par hasard s'est montré surpris de découvrir une telle assemblée. A sa question : Est-ce votre famille, madame Auster ? celle-ci, avec un grand sourire de fierté, a répondu oui. Voici…, voici…, voici…, et voici Sam. Un peu éberlué, le voisin a demandé : Et ces charmantes dames, qui sont-elles ? Oh, a répliqué ma grand-mère avec un geste désinvolte de la main, celle-là est à…, celle-là à…, celle-ci à…, et voici celle de Sam.

Le portrait qu'avaient tracé d'elle les journaux de Kenosha n'était pas faux. Elle vivait pour ses enfants. (Me Baker : "Où irait une mère de cinq enfants ? Elle leur est attachée et la Cour peut constater qu'ils tiennent à elle.") Mais en même temps c'était un tyran capable de hurlements ou de crises d'hystérie. Quand elle était en colère, il lui arrivait de donner à ses fils des coups de balai sur la tête. Elle exigeait l'obéissance, et l'obtenait.

Elle est un jour entrée dans la chambre de mon père, qui avait réussi en vendant des journaux à accumuler l'énorme somme de vingt dollars afin de s'acheter une bicyclette neuve, et, sans même un mot d'excuse, elle a cassé sa tirelire et pris son argent. Elle en avait besoin pour payer une facture et mon père n'avait eu aucun recours, aucune possibilité de réclamer. Quand il m'a raconté cette histoire, ce n'était pas dans le but de mettre en évidence l'injustice de sa mère, mais de démontrer que le bien de la famille passait toujours avant celui de l'un de ses membres. Sans doute en avait-il eu de la peine, mais il ne s'est pas plaint.

C'était le règne de l'arbitraire. Pour un enfant, cela voulait dire que le ciel risquait à tout moment de lui tomber sur la tête, qu'il ne pouvait jamais être sûr de rien. C'est ainsi qu'il a appris à ne faire confiance à personne. Pas plus qu'à lui-même. Il y aurait toujours quelqu'un pour lui prouver que ce qu'il pensait était faux, que cela n'avait aucune valeur. Il a appris à refréner ses désirs.

Mon père a vécu avec sa mère jusqu'à un âge plus avancé que le mien. Il a été le dernier à partir, celui qui était resté pour s'occuper d'elle. On ne peut pourtant pas dire qu'il était un "fils à maman". Il était trop indépendant, ses frères lui avaient trop bien inculqué les façons qui conviennent à un homme. Il était gentil avec elle, plein de prévenances et d'attentions, mais non sans un peu de distance, voire d'humour. Après qu'il se fut marié, elle lui téléphonait souvent pour le sermonner à propos de ceci ou de cela. Mon père posait l'écouteur sur la table, s'en allait à l'autre bout de la pièce, s'occupait quelques instants, puis il venait reprendre l'appareil, disait quelque chose d'anodin pour qu'elle sache qu'il était là (mmm, mmm, oui, bien sûr) puis il repartait, allant et venant jusqu'à ce qu'elle ait épuisé son monologue.

Le côté comique de son caractère imperturbable. Et ça lui a parfois rendu grand service.

Je me souviens d'une petite créature ratatinée, assise dans le salon de sa maison, dans le quartier de Weequahic, à Newark, en train de lire le *Jewish Daily Forward*. Je savais bien qu'il fallait m'exécuter chaque fois que je la voyais, mais j'avais toujours un mouvement de recul au moment de l'embrasser. Elle avait le visage si ridé, la peau d'une douceur tellement inhumaine. Le pire était encore son odeur – une odeur que j'ai pu identifier bien plus tard comme celle du camphre, elle devait en avoir mis dans les tiroirs de sa commode et, avec le temps, l'étoffe de ses vêtements s'en était imprégnée. Cette odeur était inséparable dans mon esprit de l'idée de "grand-maman".

Pour autant que je m'en souviens, elle ne s'intéressait pratiquement pas à moi. La seule fois où elle m'a offert un cadeau, c'était un livre pour enfants de deuxième ou troisième main, une biographie de Benjamin Franklin. Je me rappelle l'avoir lu d'un bout à l'autre et j'en ai encore quelques passages en mémoire. La future épouse de Franklin, par exemple, se moquant de lui la première fois qu'elle le voit en train de marcher dans les rues de Philadelphie avec une énorme miche de pain sous le bras. Le livre avait une jaquette bleue et était illustré de silhouettes. A cette époque je devais avoir sept ou huit ans.

Après la mort de mon père, j'ai découvert dans la cave de sa maison une malle qui avait appartenu à sa mère. Elle était fermée à clef et j'ai décidé d'en forcer la serrure avec un marteau et un tournevis, dans l'idée qu'elle renfermait peut-être quelque secret enseveli, quelque trésor depuis longtemps perdu. A l'instant où le loquet cédait et où je soulevais le couvercle elle a surgi de nouveau, identique – l'odeur, elle me sautait au nez, immédiate, palpable, comme s'il s'était agi de ma grand-mère en personne. C'était comme si j'avais ouvert son cercueil.

La malle ne contenait rien d'intéressant : une série de couteaux à découper, un tas de bijoux en toc. Et aussi un sac à main en plastique dur, une sorte de boîte octogonale pourvue d'une poignée. Je l'ai offert à Daniel qui l'a aussitôt transformé en garage portable pour sa flottille de petits camions et de voitures.

Pendant toute sa vie mon père a travaillé dur. A neuf ans il trouvait son premier emploi. A dix-huit ans, avec l'un de ses frères, il montait une affaire de réparation de radios. A l'exception du bref instant où il a été engagé comme assistant dans le laboratoire de Thomas Edison (pour en être renvoyé dès le lendemain, quand Edison a su qu'il était juif), mon père a toujours été son propre patron. C'était un patron très difficile, beaucoup plus exigeant que n'aurait pu l'être un étranger.

A la longue, l'atelier de radio est devenu une petite boutique d'appareils électriques, qui à son tour s'est transformée en grand magasin de meubles. A partir de là, il a commencé à s'occuper d'immobilier (par exemple en achetant une maison pour y installer sa mère), jusqu'à ce que cette activité, prenant le pas sur le magasin dans ses préoccupations, devienne une affaire en soi. L'association avec deux de ses frères se poursuivait d'une entreprise à l'autre.

Il se levait tôt chaque matin, ne rentrait que tard le soir, et entre les deux le travail, rien que le travail. Travail était le nom du pays qu'il habitait, dont il était un des plus fervents patriotes. Cela ne veut pas dire cependant qu'il y prenait plaisir. S'il s'acharnait ainsi, c'est parce qu'il voulait gagner le plus d'argent possible. Son activité était le moyen d'arriver à ses fins – un moyen de s'enrichir. Mais ce but atteint, il n'y aurait pas davantage trouvé de satisfaction. Comme l'a écrit Marx dans sa jeunesse : "Si l'*argent* est le lien qui m'unit à la *vie humaine*, qui unit à moi la société et m'unit à la nature et à l'homme, l'argent n'est-il pas le lien de tous les liens ? Ne peut-il pas nouer ou dénouer tous les liens ? N'est-il pas, de la sorte, l'*instrument de division universel* ?"

Il a rêvé toute sa vie de devenir millionnaire, l'homme le plus riche du monde. Ce qu'il convoitait n'était pas tant la fortune que ce qu'elle représente : non seulement le succès aux yeux des autres mais aussi une possibilité de se sentir intouchable. Avoir de l'argent, ce n'est pas seulement pouvoir acheter : cela signifie être hors d'atteinte de la réalité. L'argent en tant que protection, non pour le plaisir. Parce que dans son enfance il en avait été démuni, et donc vulnérable aux caprices de l'existence, l'idée de richesse était devenue pour lui synonyme d'évasion : échapper au mal, à la souffrance, ne plus être une victime. Il ne prétendait pas s'acheter le bonheur mais simplement l'absence de malheur. L'argent était la panacée, la matérialisation de ses désirs les plus profonds, les plus difficiles à exprimer. Il ne voulait pas le dépenser mais le posséder, savoir qu'il était là. Moins élixir qu'antidote : la petite fiole à emporter au fond d'une poche si on va dans la jungle – au cas où on serait mordu par un serpent venimeux.

Sa répugnance à la dépense était parfois telle qu'on aurait presque pu le croire malade. Jamais il n'en est arrivé au point de se refuser ce dont il avait besoin (car ses besoins étaient minimes), mais, c'était plus subtil, chaque fois qu'il avait des achats à faire, il optait pour la solution la moins coûteuse. La recherche des bonnes affaires comme règle de vie.

Cette attitude impliquait une sorte de primitivisme des perceptions. Toutes distinctions éliminées, tout était réduit au plus petit commun dénominateur. La viande était de la viande, les chaussures des chaussures et un stylo un stylo. Qu'importait le fait qu'on puisse choisir entre des bas morceaux et une côte à l'os, trouver des stylos à bille jetables à trente-neuf cents et des porteplume réservoirs à cinquante dollars qui dureraient vingt ans ? L'objet vraiment beau était presque exécrable : il signifiait un prix à payer si extravagant que cela paraissait malsain moralement. Sur un plan plus général, une telle attitude entraînait un état permanent de privation sensorielle. A force de fermer les yeux, il se refusait tout contact intime avec les formes et les matières, excluant la possibilité de ressentir un plaisir esthétique. L'univers où il portait le regard était un univers pratique. Chaque chose y avait sa valeur et son prix, et l'idée d'ensemble était d'obtenir ce dont on avait besoin à un prix aussi proche que possible de sa valeur. Chaque objet était considéré d'après sa fonction, estimé seulement d'après son coût, jamais pris en compte pour ses propriétés intrinsèques. Dans un sens, j'imagine qu'un tel monde devait lui paraître bien ennuyeux. Uniforme, incolore, sans relief. Si l'on n'envisage l'existence qu'en termes d'argent, on finit par la perdre de vue complètement.

Quand j'étais enfant, il m'est arrivé d'être vraiment gêné pour lui en public. Il marchandait avec les boutiquiers, se mettait en colère pour un prix élevé, discutait comme si sa virilité même était en jeu. Souvenir précis de cette impression que tout en moi se rétractait, du souhait d'être n'importe où sauf où j'étais. Un incident particulier resurgit, l'achat d'un gant de base-ball. Depuis quinze jours je passais tous les jours après l'école devant le magasin pour admirer l'objet de mon désir. Et puis, quand un soir mon père m'a emmené l'acheter, il a fait une telle scène au vendeur que j'ai cru qu'il allait le mettre en pièces. Effrayé, écœuré, je lui ai dit de ne pas insister, qu'après tout je ne voulais pas ce gant. En sortant de là, il m'a offert un cornet de glace. De toute façon ce gant ne valait rien, m'a-t-il déclaré. Je t'en achèterai un plus beau une autre fois.

Plus beau, bien entendu, voulait dire moins beau.

Ses diatribes parce que trop de lampes étaient allumées dans la maison. Par principe, il achetait toujours des ampoules de faible intensité.

Son excuse pour ne jamais nous emmener au cinéma : "Pourquoi sortir et dépenser une fortune ? Cela passera à la télévision dans un an ou deux."

Les rares repas familiaux au restaurant : il fallait toujours commander les plats les moins chers du menu. C'était devenu une sorte de rite. Oui, disait-il en hochant la tête, tu as bien choisi.

Des années plus tard, quand ma femme et moi vivions à New York, il nous invitait parfois à dîner. Le scénario était toujours identique : dès l'instant où nous avions la dernière fourchette de nourriture dans la bouche, il demandait : "Vous êtes prêts ? Nous partons ?" Aucune possibilité d'envisager un dessert.

Il était totalement mal dans sa peau. Incapable de rester tranquille, de bavarder, de se détendre.

En sa compagnie on se sentait nerveux. On avait tout le temps l'impression qu'il était sur le point de s'en aller.

Il adorait les petites astuces futées, et il était fier de sa capacité d'être plus malin que les autres à leur propre jeu. Une mesquinerie, dans les contingences les plus dérisoires, aussi ridicule que déprimante. Dans ses voitures, il déconnectait toujours le compteur et falsifiait le kilométrage pour s'assurer un meilleur prix à la revente. Chez lui, il réparait tout lui-même au lieu de faire appel à des professionnels. Comme il avait un don pour les machines et connaissait leur fonctionnement, il utilisait des expédients bizarres, se servant de ce qui lui tombait sous la main pour appliquer les recettes de Rube Goldberg aux problèmes mécaniques et électriques – plutôt que de payer le prix pour que ce soit fait convenablement.

Les solutions définitives ne l'intéressaient pas. Il a passé son temps à rafistoler, à coller des rustines, une ici, une là, sans jamais permettre à son bateau de couler mais sans lui donner la moindre chance de naviguer.

Sa façon de se vêtir : comme s'il retardait de vingt ans. Des costumes bon marché en tissu synthétique, achetés chez des soldeurs ; des chaussures dépareillées provenant des fonds de boutiques. Son manque d'intérêt pour la mode n'était pas seulement signe de sa pingrerie, il renforçait l'image qu'on avait de lui comme d'un homme un peu hors du monde. Les vêtements qu'il portait paraissaient l'expression de sa solitude, une façon concrète d'affirmer son absence. Bien qu'il fût à l'aise, qu'il eût les moyens de s'offrir tout ce qu'il voulait, on l'aurait pris pour un indigent, un cul-terreux arrivé droit de la ferme.

Au cours des dernières années de sa vie, cela avait un peu changé. Le fait d'être à nouveau célibataire l'avait sans doute stimulé : il s'est rendu compte que s'il voulait la moindre vie sociale, il devait se rendre présentable. Il n'est pas allé jusqu'à s'acheter des vêtements coûteux mais au moins l'allure de sa garde-robe s'est modifiée : les bruns ternes et les gris ont été abandonnés pour des couleurs plus gaies ; le style démodé a cédé la place à une image plus voyante, plus soignée. Pantalons à carreaux, chaussures blanches, chandails à col roulé jaunes, bottines à grosses boucles. Mais en dépit de ces efforts, il semblait déplacé, ainsi vêtu. Cela ne s'intégrait pas à sa personnalité. Il faisait penser à un petit garçon habillé par ses parents.

Etant donné sa relation bizarre avec l'argent (son désir de richesse, son inaptitude à la dépense), il est normal, d'une certaine manière, qu'il ait gagné sa vie parmi les pauvres. Comparé à eux, il jouissait d'une fortune immense. Cependant, à passer son temps parmi des gens qui ne possédaient presque rien, il pouvait garder devant les yeux la vision de ce qu'il craignait le plus au monde : se trouver sans argent. Il conservait ainsi le sens des proportions. Il ne se considérait pas comme avare – mais raisonnable, un homme qui connaît la valeur d'un dollar. Il fallait qu'il fût vigilant. C'était le seul rempart entre lui et ce cauchemar, la pauvreté.

A l'époque où leurs affaires marchaient le mieux, ses frères et lui possédaient près de cent immeubles. Leur territoire comprenait la sinistre région industrielle du nord du New Jersey – Jersey City, Newark – et presque tous leurs locataires étaient des Noirs. On parle de "seigneur des taudis", mais dans son cas cette image aurait été inexacte, injuste. De même qu'il n'était en aucune manière un propriétaire absentéiste. Il était *là*, et s'imposait des horaires qui auraient poussé à la grève le plus consciencieux des employés

Son activité relevait d'une jonglerie permanente. Il fallait acheter et vendre des immeubles, acheter et réparer des équipements, organiser le travail de plusieurs équipes d'ouvriers, louer les appartements, superviser les chefs de chantier, écouter les doléances des locataires, recevoir la visite des inspecteurs du bâtiment, affronter des problèmes constants avec les compagnies des eaux et d'électricité, sans parler des démêlés fréquents avec le tribunal – comme plaignant ou comme prévenu – pour récupérer des loyers impayés ou répondre d'infractions. Tout arrivait toujours en même temps, c'était un assaut perpétuel venant d'une douzaine de directions à la fois, et seul un homme qui ne se laissait pas désarçonner pouvait y répondre. Il n'y avait pas un jour où il fût possible de faire tout ce qu'il y avait à faire. On ne rentrait pas chez soi parce qu'on avait terminé mais simplement parce qu'il était tard et que le temps manquait. Le lendemain, on retrouvait les mêmes problèmes – et plusieurs autres. Cela n'avait jamais de fin. En quinze ans il n'a pris que deux fois des vacances.

Il était compatissant avec ses locataires – leur accordait des délais de paiement, leur donnait des vêtements pour leurs enfants, les aidait à trouver du travail – et ils avaient confiance en lui. Des vieux qui craignaient les cambrioleurs lui demandaient de garder leurs objets de valeur dans le coffre-fort de son bureau. Des trois frères, c'était à lui que les gens s'adressaient quand ils avaient des ennuis. Personne ne l'appelait M. Auster. Il était toujours M. Sam.

En rangeant la maison après sa mort, j'ai trouvé cette lettre au fond d'un tiroir de la cuisine. C'est, de toutes mes découvertes, celle qui m'a causé le plus de plaisir. Elle équilibre en quelque sorte le bilan, elle m'apporte une preuve vivante quand mon imagination s'éloigne trop des faits. La lettre est adressée à "M. Sam", et l'écriture en est presque illisible.

Le 19 avril 1976

Cher Sam,

Je sais que vous êtes surpris d'avoir de mes nouvelles. D'abord je devrais peut-être me présenter à vous. Je suis Mme Nash. Je suis la belle-Sœur d'Albert Groover – Mme Groover et Albert qui ont habité si longtemps au 285 de la rue des Pins à Jersey City et Mme Banks aussi est ma Sœur. Peu importe, si vous vous souvenez.

Vous vous étiez débrouillé pour nous trouver un appartement, à mes enfants et moi, au

327, Johnston Avenue juste à côté de chez
M. & Mme Groover ma Sœur.

De toute façon je suis partie en vous laissant
40 dollars de loyer impayé. C'était en 1964 mais
je n'ai pas oublié que je devais cette grave
dette. Alors maintenant voici votre argent. Merci
d'avoir été si gentil avec les enfants et moi à
cette époque. c'est pour dire combien j'ai appré-
cié tout ce que vous avez fait pour nous. J'es-
père que vous vous rappelez ce temps-là. Ainsi
moi je ne vous ai jamais oublié.

J'ai appelé votre bureau il y a à peu près trois
semaines mais vous n'y étiez pas à ce moment-
là. le Bon Dieu vous bénisse à jamais. Je ne
viens presque pas à Jersey City si cela arrive je
viendrai vous voir.

De toute façon maintenant je suis contente de
payer cette dette. C'est tout pour aujourd'hui.

Sincèrement vôtre,

Mme J. B. Nash.

Quand j'étais enfant, j'accompagnais de temps
en temps mon père dans ses tournées de collecte
des loyers. J'étais trop jeune pour comprendre
ce que je voyais, mais je me souviens de mes
impressions, comme si, précisément du fait de
mon incompréhension, la perception brute de ces
expériences s'était fichée en moi, où elle demeure
aujourd'hui, aussi immédiate qu'une écharde dans
le pouce.

Je revois les bâtiments de bois avec leurs vestibules sombres et inhospitaliers. Et derrière chaque porte une horde d'enfants en train de jouer dans un appartement à peine meublé ; une mère, toujours maussade, surmenée, exténuée, penchée sur une planche à repasser. Le plus frappant était l'odeur, comme si la pauvreté n'était pas seulement le manque d'argent mais aussi une sensation physique, une puanteur qui envahit la tête et empêche de penser. Chaque fois que j'entrais dans un immeuble avec mon père, je retenais mon souffle, par crainte de respirer, comme si cette odeur allait me faire mal. Tout le monde était toujours content de voir le fils de M. Sam. On m'a souri et caressé la tête d'innombrables fois.

Un jour, quand j'étais un peu plus âgé, j'étais en voiture avec lui dans une rue de Jersey City et j'ai aperçu un garçon qui portait un T-shirt que j'avais abandonné depuis plusieurs mois parce qu'il était devenu trop petit. C'était un T-shirt très reconnaissable, avec un assemblage particulier de lignes bleues et jaunes, et il n'y avait aucun doute que c'était bien celui qui m'avait appartenu. Inexplicablement, je me suis senti submergé de honte.

Un peu plus tard encore, à treize, quatorze, quinze ans, j'accompagnais parfois mon père pour me faire un peu d'argent en travaillant avec les charpentiers, les peintres et les ouvriers chargés des réparations. Un jour, au cœur de l'été, par une chaleur torride, on m'a confié la tâche d'aider un des hommes à goudronner un toit. Cet homme s'appelait Joe Levine (il était noir mais avait pris le nom de Levine en signe de gratitude envers un vieil épicier juif qui l'avait aidé dans sa jeunesse), et il était l'homme de confiance de mon père, le plus sûr de ses ouvriers. Nous avons hissé sur le toit plusieurs barils de cent litres de goudron et entrepris de l'étaler sur la surface avec des balais. Le soleil tapait dur sur ce toit noir et après une demi-heure environ j'ai été pris de vertige, j'ai glissé sur une plaque de goudron frais et suis tombé en renversant l'un des fûts qui, du coup, a répandu sur moi son contenu.

Quand je suis arrivé dans son bureau quelques minutes plus tard, mon père a éclaté de rire. Je me rendais compte que la situation était comique, mais j'étais trop embarrassé pour avoir envie d'en plaisanter. Il faut mettre au crédit de mon père qu'il ne s'est ni fâché ni moqué de moi. Il riait, mais d'une façon qui m'incitait à en faire autant. Puis il a abandonné ce qu'il était en train de faire et m'a emmené de l'autre côté de la rue, chez Woolworth, pour m'acheter de nouveaux vêtements. Il m'était soudain devenu possible de me sentir proche de lui.

Avec les années, l'affaire commença à décliner. Elle était saine en elle-même, mais sa nature la condamnait à sombrer : à cette époque-là, à cet endroit-là, elle ne pouvait survivre plus longtemps. Les villes allaient à vau-l'eau et nul ne semblait s'en soucier. Ce qui avait été pour mon père une activité assez satisfaisante devenait une corvée. Durant les dernières années de sa vie, il a détesté se rendre au travail.

Le vandalisme devenait un problème tellement grave qu'il était déprimant d'entreprendre la moindre réparation. A peine avait-on terminé l'installation de plomberie dans un bâtiment que des voleurs arrachaient les tuyauteries. Sans arrêt, des fenêtres étaient brisées, des portes enfoncées, des vestibules mis à sac, des incendies se déclaraient. En même temps, pas question de vendre. Personne ne voulait de ces immeubles. La seule façon de s'en débarrasser était de les abandonner et de laisser les municipalités les prendre en charge. On perdait ainsi des sommes énormes, une vie entière de travail. A la fin, quand mon père est mort, il ne restait que six ou sept immeubles. L'empire entier s'était désintégré.

La dernière fois que je suis allé à Jersey City (il y a au moins dix ans), on aurait dit le lieu d'une catastrophe, un site pillé par les Huns. Des rues grises et désolées, des ordures entassées de tous côtés ; désœuvrés, sans but, des vagabonds traînaient la savate. Le bureau de mon père avait été cambriolé tant de fois qu'il n'y restait plus que quelques meubles métalliques, des chaises, et trois ou quatre téléphones. Plus une seule machine à écrire, pas une touche de couleur. En vérité ce n'était plus un lieu de travail mais une annexe de l'enfer. Je me suis assis et j'ai regardé au-dehors ;

il y avait une banque de l'autre côté de la rue. Personne n'y entrait, personne n'en sortait. Les seuls êtres vivants étaient deux chiens, sur les marches, en train de se grimper dessus.

Où trouvait-il l'énergie de venir ici tous les jours, cela dépasse mon entendement. La force de l'habitude, ou alors pure obstination. Ce n'était pas seulement déprimant, c'était dangereux. Il a été attaqué à plusieurs reprises et a reçu un jour un si mauvais coup sur la tête que son ouïe a définitivement diminué. Il a vécu ses quatre ou cinq dernières années avec un bruit léger mais constant dans la tête, un bourdonnement qui ne le lâchait jamais, même pendant son sommeil. Les médecins disaient qu'on ne pouvait rien y faire.

A la fin, il ne sortait dans la rue qu'avec une clef à molette dans la main droite. Passé soixante-cinq ans, il ne voulait plus prendre de risque.

Ce matin, pendant que je montre à Daniel comment on fait les œufs brouillés, deux phrases me reviennent soudain à l'esprit :

"«Et maintenant je veux savoir, s'écria tout à coup la femme avec une violence terrible, je veux savoir où, sur toute la terre, vous trouveriez un père tel que mon père !…»" (Isaac Babel.)

"Les enfants ont généralement tendance à sous-estimer ou à surestimer leurs parents, et aux yeux d'un bon fils son père est toujours le meilleur des pères, sans aucun rapport avec les

raisons objectives qu'il peut avoir de l'admirer." (Proust.)

Je me rends compte maintenant que je dois
avoir été un mauvais fils. Ou du moins, sinon vraiment mauvais, décevant, cause de souci et de tristesse. Cela n'avait aucun sens pour lui d'avoir
engendré un poète. Pas plus qu'il ne pouvait comprendre comment un jeune homme fraîchement
nanti de deux diplômes de l'université de Columbia
pouvait s'engager comme matelot sur un pétrolier
dans le golfe du Mexique et puis, sans rime ni raison, s'en aller à Paris pour y passer quatre ans à
vivre au jour le jour.

Il me décrivait d'habitude comme ayant "la tête
dans les nuages" ou "pas les pieds sur terre". Dans
un sens comme dans l'autre, je ne devais guère lui
paraître réel, comme si j'étais une sorte de créature
éthérée, pas tout à fait de ce monde. A ses yeux
c'était par le travail qu'on prenait part à la réalité.
Et le travail, par définition, rapportait de l'argent.
Sans cela ce n'était pas du travail. Par conséquent
écrire, et particulièrement écrire de la poésie, n'en
était pas. C'était, au mieux, un délassement, un
passe-temps agréable entre des activités sérieuses.
Mon père considérait que je gaspillais mes dons et
refusais de devenir adulte.

Une sorte d'attachement demeurait néanmoins
entre nous. Sans être intimes, nous gardions le contact. Un coup de téléphone tous les mois environ,

peut-être trois ou quatre visites par an. Lorsqu'un recueil de mes poèmes sortait de presse, je ne manquais jamais de lui en adresser un exemplaire, et il m'appelait toujours pour me remercier. Si j'écrivais un article pour une revue, j'en conservais un numéro pour le lui apporter lors de notre prochaine rencontre. La *New York Review of Books* ne représentait rien pour lui mais il était impressionné par les textes parus dans *Commentary*. Sans doute pensait-il que si des juifs me publiaient c'est que cela valait peut-être quelque chose.

Il m'a un jour écrit, quand j'habitais encore Paris, pour me raconter qu'il était allé à la bibliothèque publique lire certains de mes poèmes récemment parus dans la revue *Poetry*. Je me l'imaginais, dans une grande salle déserte, tôt le matin avant d'aller travailler, assis à l'une de ces longues tables, son pardessus sur le dos, courbé sur des mots qui devaient lui paraître incompréhensibles.

J'ai essayé de garder cette image à l'esprit, à côté de toutes ces autres dont je ne peux me défaire.

Poids insidieux, totalement déconcertant, de la contradiction. Je comprends à présent que tout fait est annulé par le suivant, que chaque pensée engendre sa symétrique opposée et de force égale. Impossible d'affirmer sans réserve : Il était bon, ou : Il était mauvais ; il était ceci, ou cela. Le tout est vrai. Il me semble parfois que j'écris à propos de trois ou quatre hommes différents, tous bien distincts, chacun en contradiction avec tous les autres. Des fragments. Ou l'anecdote comme une forme de connaissance.

Oui.

Ses accès occasionnels de générosité. Dans les rares moments où il ne voyait pas le monde comme une menace, la bonté semblait sa raison de vivre. "Le bon Dieu vous bénisse à jamais."

Ses amis faisaient appel à lui dès qu'ils étaient dans l'embarras. Qu'une voiture tombe en panne quelque part au milieu de la nuit, mon père s'arrachait à son lit pour aller à la rescousse. Dans un sens il était facile d'abuser de lui. Il ne se serait jamais plaint de quoi que ce soit.

Une patience quasi surhumaine. Il était la seule personne que j'aie jamais connue qui pouvait donner des leçons de conduite automobile sans se mettre en colère ni piquer de crise de nerfs. Même si vous donniez de la bande droit dans un réverbère, il ne s'énervait pas.

Impénétrable. Et, à cause de cela, presque serein par moments.

Alors qu'il était encore un jeune homme, il a commencé à porter un intérêt particulier à l'aîné de ses neveux – le seul enfant de son unique sœur. Ma tante menait une vie sans joie, ponctuée par une série de mariages difficiles, et son fils en subissait le poids : expédié dans des écoles militaires, jamais il n'avait eu réellement de foyer. Sans autre motif, à mon avis, que la bonté et le sens du devoir, mon père l'a pris sous son aile. Il s'est occupé de lui, l'encourageant constamment, lui enseignant comment naviguer dans le monde. Plus tard, il l'a aidé dans ses affaires et dès que survenait un problème il était toujours prêt à écouter et à donner des conseils. Même après que mon cousin se fut marié et eut fondé sa propre famille, mon père continuait à s'intéresser activement à leur sort. Il les a hébergés chez lui pendant plus d'un an. Il offrait religieusement des cadeaux à ses petits-neveux et petites-nièces pour leur anniversaire et allait souvent dîner chez eux.

La mort de mon père a été pour ce cousin un choc plus grand que pour aucun de nos autres parents. Pendant la réunion de famille qui suivait l'enterrement, il est venu me dire trois ou quatre fois : "Je l'ai rencontré par hasard il y a quelques jours. Nous devions dîner ensemble vendredi soir."

Chaque fois, exactement les mêmes mots. Comme s'il ne savait plus ce qu'il disait.

J'avais le sentiment que les rôles étaient inversés, qu'il était le fils affligé et moi le neveu compatissant. J'avais envie de lui entourer les épaules de mon bras en lui disant quel homme bon son père avait été. Après tout, c'était lui le véritable fils, il était celui que je n'avais jamais réussi à devenir.

Depuis deux semaines ces lignes de Maurice Blanchot me résonnent dans la tête : "Il faut que ceci soit entendu : je n'ai rien raconté d'extraordinaire ni même de surprenant. Ce qui est extraordinaire commence au moment où je m'arrête. Mais je ne suis plus maître d'en parler."

Commencer par la mort. Remonter le cours de la vie et puis, pour finir, revenir à la mort.

Ou encore : la vanité de prétendre dire quoi que ce soit à propos de qui que ce soit.

En 1972, il est venu me voir à Paris. C'est le seul voyage qu'il ait jamais fait en Europe.

J'habitais cette année-là un sixième étage, dans une chambre de bonne minuscule où il y avait à peine la place pour un lit, une table, une chaise et un évier. Face aux fenêtres et au petit balcon, un ange de pierre surgissait de Saint-Germain-l'Auxerrois ; à ma gauche, le Louvre, les Halles à ma droite, et Montmartre droit devant, dans le lointain. J'éprouvais une grande tendresse pour cette chambre et beaucoup des poèmes parus ensuite dans mon premier livre y ont été écrits.

Mon père n'avait pas l'intention de rester longtemps, pas même ce qu'on pourrait appeler des vacances : quatre jours à Londres, trois à Paris, et puis retour. Mais je me réjouissais de le voir et me préparais à lui faire passer un bon moment.

Quoi qu'il en soit, cela n'a pas été possible, pour deux raisons : j'avais attrapé une mauvaise grippe ;

et, le lendemain de son arrivée, j'ai dû partir au Mexique où il me fallait aider quelqu'un à écrire son livre.

Transpirant, fiévreux, délirant presque de faiblesse, je l'avais attendu toute la matinée dans le hall de l'hôtel de tourisme où il avait réservé une chambre. Comme il n'était pas arrivé à l'heure prévue, j'avais patienté encore une heure ou deux, puis finalement renoncé, et j'étais rentré m'écrouler sur mon lit.

En fin d'après-midi, il est venu frapper à ma porte et me tirer d'un sommeil profond. Notre rencontre sortait tout droit de Dostoïevski : le père bourgeois rend visite à son fils dans une ville étrangère et trouve le jeune poète, seul dans une mansarde, dévoré par la fièvre. Le choc de cette découverte, l'indignation qu'on puisse vivre dans un endroit pareil ont galvanisé son énergie : il m'a fait mettre mon manteau, m'a traîné dans une clinique des environs et puis est allé acheter toutes les pilules qui m'avaient été prescrites. Après quoi il a refusé de me laisser passer la nuit chez moi. Je n'étais pas en état de discuter, j'ai donc accepté de loger dans son hôtel.

Le lendemain je n'allais pas mieux. Mais j'avais des choses à faire, j'ai rassemblé mon courage et je les ai faites. Le matin, j'ai emmené mon père avenue Henri-Martin, dans le vaste appartement du producteur de cinéma qui m'envoyait au Mexique. Je travaillais pour lui depuis un an, de façon discontinue, à ce qu'on pourrait appeler des petits boulots – traductions, résumés de scénarios – sans grand rapport avec le cinéma, qui du reste ne m'intéressait pas. Chaque projet était plus inepte que le précédent mais j'étais bien payé et j'en avais besoin. Il souhaitait cette fois que j'aide sa femme, une Mexicaine, à écrire un livre que lui avait commandé un éditeur anglais : *Quetzalcóatl et les mystères du serpent à plumes*. Ça paraissait un peu gros, et j'avais déjà refusé à plusieurs reprises. Mais à chacun de mes refus il augmentait son offre et me proposait maintenant une telle somme que je ne pouvais plus dire non. Je ne serais parti qu'un mois, et il me payait comptant – et d'avance.

C'est à cette transaction que mon père a assisté. Pour une fois, j'ai vu qu'il était impressionné. Non seulement je l'avais amené dans cet endroit somptueux, où je l'avais présenté à un homme qui brassait des millions, mais voilà que cet homme me tendait calmement une liasse de billets de cent dollars par-dessus la table en me souhaitant bon voyage. C'était l'argent, bien sûr, qui faisait la différence, le fait que mon père ait pu le voir de ses propres yeux. J'ai ressenti cela comme un triomphe, comme si d'une certaine façon j'étais vengé. Pour la première fois, il avait été obligé d'admettre que je pouvais me prendre en charge à ma façon.

Il est devenu très protecteur, plein d'indulgence pour mon état de faiblesse. M'a aidé à déposer l'argent à la banque, tout sourires et bons mots. Puis nous a trouvé un taxi et m'a accompagné jusqu'à l'aéroport. Une généreuse poignée de main pour finir. Bonne chance, fils. Fais un malheur.

Tu parles.

Depuis plusieurs jours, rien.

En dépit des excuses que je me suis trouvées, je comprends ce qui se passe. Plus j'approche de la fin de ce que je suis capable d'exprimer, moins j'ai envie de dire quoi que ce soit. Je souhaite retarder le terme et je me berce ainsi de l'illusion que je viens à peine de commencer, que la meilleure partie de mon histoire est encore à venir. Si inutiles que paraissent ces mots, ils m'ont néanmoins protégé d'un silence qui continue de me terrifier. Quand j'entrerai dans ce silence, cela signifiera que mon père a disparu pour toujours.

Le tapis vert miteux de l'établissement de pompes funèbres. Et le directeur, onctueux, professionnel, atteint d'eczéma et les chevilles gonflées, qui parcourait sa liste de prix comme si je m'apprêtais à acheter à crédit un mobilier de chambre à coucher. Il m'a tendu une enveloppe qui contenait la bague que portait mon père quand il est mort. En la manipulant distraitement tandis que la conversation suivait son cours monotone, j'ai remarqué que la face interne de la pierre portait la trace d'un lubrifiant savonneux. Quelques instants ont passé avant que je fasse le rapprochement et puis c'est devenu d'une évidence absurde : on avait utilisé ce produit pour faire glisser l'anneau de son doigt. J'essayais d'imaginer l'individu qui avait pour tâche ce genre de travail. J'étais moins horrifié que fasciné. Je me souviens de m'être dit : Me voici dans le monde des faits, le royaume des détails bruts. La bague était en or, avec un cabochon noir orné de l'insigne d'une corporation maçonnique. Il y avait plus de vingt ans que mon père n'en était plus un membre actif.

L'entrepreneur des pompes funèbres répétait avec insistance qu'il avait connu mon père "dans le bon vieux temps", impliquant une intimité et une amitié dont je suis certain qu'elles n'ont jamais existé. Pendant que je lui donnais les renseignements à transmettre aux journaux pour la rubrique nécrologique, il allait au-devant de mes remarques en citant des faits inexacts, me coupait la parole dans sa précipitation à démontrer à quel point il avait été en bonnes relations avec mon père. Chaque fois que cela arrivait, je m'arrêtais pour le reprendre. Le lendemain, quand la notice a paru dans les journaux, plusieurs de ces inexactitudes avaient été imprimées.

Trois jours avant sa mort, mon père avait acheté une nouvelle voiture. Il ne l'a conduite qu'une fois ou deux, et quand je suis rentré chez lui après les funérailles, je l'ai trouvée dans le garage, inanimée, déjà éteinte, comme une énorme créature mort-née. Un peu plus tard dans la journée je suis descendu au garage pour être seul un moment. Assis derrière le volant de cette voiture, j'en respirais l'étrange odeur de mécanique neuve. Le compteur indiquait soixante-sept miles. Il se trouve que c'était aussi l'âge de mon père : soixante-sept ans. Une telle brièveté m'a donné la nausée. Comme si c'était la distance entre la vie et la mort. Un tout petit voyage, à peine plus long que d'ici à la ville voisine.

Un de mes pires regrets : je n'ai pas pu le voir après sa mort. J'avais supposé par ignorance que le cercueil serait ouvert pendant le service funèbre et quand je me suis aperçu qu'on l'avait fermé il était trop tard, il n'y avait plus rien à faire.

De ne pas l'avoir vu mort me dépossède d'une angoisse que j'aurais volontiers ressentie. Ce n'est pas que sa disparition m'en semble moins réelle mais à présent, chaque fois que je veux me la représenter, chaque fois que je veux en palper la réalité, je dois faire un effort d'imagination. Il n'y a rien dont je puisse me souvenir. Rien qu'une sorte de vide.

Quand on a ouvert la tombe pour y déposer le cercueil, j'ai remarqué qu'une grosse racine orange poussait dans la fosse. Son effet sur moi a été étrangement calmant. Pendant un bref instant les paroles et les gestes de la cérémonie n'ont plus masqué la simple réalité de la mort. Elle était là, sans inter-médiaire ni ornement, il m'était impossible d'en détourner les yeux. On descendait mon père dans la terre et, avec le temps, son cercueil allait se désagréger petit à petit et son corps nourrirait cette même racine. Plus que tout ce qui avait été fait ou dit ce jour-là, ceci me paraissait avoir un sens.

Le rabbin qui officiait était celui-là même qui avait présidé à ma *Bar Mitzvah* dix-neuf ans plus tôt. La dernière fois que je l'avais vu, il était jeune encore et rasé de près. Il était vieux maintenant, avec une grande barbe grise. Il n'avait pas connu mon père, en fait il ne savait rien de lui, et une demi-heure avant le début du service nous nous sommes assis ensemble et je lui ai fait des suggestions pour son éloge funèbre. Il prenait des notes sur de petits bouts de papier. Quand le moment est venu de son intervention, il s'est exprimé avec beaucoup d'émotion. Il s'agissait d'un homme qu'il n'avait jamais rencontré et on avait pourtant l'impression qu'il parlait du fond du cœur. J'entendais derrière moi des femmes pleurer. Il suivait presque mot pour mot mes indications.

Il me vient à l'esprit qu'il y a longtemps que j'ai commencé à écrire cette histoire, bien avant la mort de mon père.

Nuit après nuit, je reste éveillé dans mon lit, les yeux ouverts dans l'obscurité. Impossible de dormir, impossible de ne pas penser à la façon dont il est mort. Je transpire dans mes draps en essayant d'imaginer ce qu'on ressent lors d'une crise cardiaque. J'ai des bouffées d'adrénaline, ma tête bat la chamade et mon corps entier semble concentré dans ce petit secteur de mon thorax. Besoin de connaître la même panique, la même douleur mortelle.

Et puis, la nuit, presque chaque nuit, il y a les rêves. Dans l'un d'eux, dont je me suis réveillé voici quelques heures, j'apprenais d'une adolescente, fille de l'amie de mon père, qu'elle, la jeune fille, était enceinte de ses œuvres à lui. Parce qu'elle était si jeune, on convenait que ma femme et moi élèverions l'enfant dès sa naissance. Ce serait un garçon. Tout le monde le savait d'avance.

Il est peut-être également vrai que cette histoire, une fois terminée, va continuer toute seule à se raconter, même après l'épuisement des mots.

Le vieux monsieur présent à l'enterrement était mon grand-oncle Sam Auster, qui a maintenant près de quatre-vingt-dix ans. Il est grand et chauve, avec une voix aiguë, râpeuse. Pas un mot sur les événements de 1919, et je n'ai pas eu le cœur de les évoquer. Il a dit : Je me suis occupé de Sam quand il était petit. C'est tout.

Quand on lui a demandé s'il voulait boire quelque chose, il a répondu : Un verre d'eau chaude. Du citron ? Non merci, simplement de l'eau chaude.

Blanchot encore : "Mais je ne suis plus maître d'en parler."

En provenance de la maison : un document officiel du comté de St. Clair, Etat d'Alabama, l'attestation du divorce de mes parents. En bas, cette signature : Ann W. Love.

En provenance de la maison : une montre, quelques chandails, une veste, un réveille-matin, six raquettes de tennis et une vieille Buick rouillée qui ne marche presque plus. De la vaisselle, une table basse, trois ou quatre lampes. Une statuette de bar représentant Johnny Walker, pour Daniel. L'album de photographies aux pages vierges – Ceci est notre vie : les Auster.

Je me figurais au début que conserver ces objets serait un réconfort, qu'ils me rappelleraient mon père et m'aideraient à penser à lui tout en poursuivant mon chemin. Mais il paraît que les objets ne sont que des objets. Je me suis habitué à eux, j'en viens à les considérer comme les miens. Je lis l'heure à sa montre, je porte ses chandails, je circule dans sa voiture. Mais ce n'est qu'une intimité illusoire. Je me les suis déjà appropriés. Mon père s'en est retiré, il est de nouveau invisible. Et tôt ou tard ils s'useront, se briseront, et devront être jetés. Je doute même que j'y prenne garde.

"... Là, vraiment l'on peut dire : seul le tra-
vailleur a du pain, seul l'angoissé trouve le repos,
seul celui qui descend aux enfers sauve la bien-
aimée, seul celui qui tire le couteau reçoit Isaac...
qui refuse de travailler s'y voit appliquer la parole
de l'Ecriture sur les vierges d'Israël : il enfante du
vent ; mais qui veut travailler enfante son propre
père." (Kierkegaard.)

Au-delà de deux heures du matin. Un cendrier
qui déborde, une tasse à café vide, et le froid d'un
début de printemps. L'image de Daniel, maintenant, endormi là-haut dans son lit. Pour en finir.

Que pourront bien représenter pour lui ces
pages, quand il sera en âge de les lire ?

Et l'image de son petit corps tendre et féroce,
endormi là-haut dans son lit. Pour en finir.

(1979)

LE LIVRE DE LA MÉMOIRE

"Quand le mort pleure, c'est signe qu'il est en voie de guérison", dit solennellement le Corbeau.
"Je regrette de contredire mon illustre confrère et ami, fit la Charrette, mais selon moi, quand le mort pleure, c'est signe qu'il n'a pas envie de mourir."

COLLODI,
Les Aventures de Pinocchio.

Il pose une feuille blanche sur la table devant lui et trace ces mots avec son stylo. Cela fut. Ce ne sera jamais plus.

Plus tard dans la journée, il revient dans sa chambre. Il prend une nouvelle feuille de papier et la pose sur la table devant lui. Il écrit jusqu'à ce que la page entière soit couverte de mots. Plus tard encore, quand il se relit, il a du mal à les déchiffrer. Ceux qu'il arrive à comprendre ne semblent pas dire ce qu'il croyait exprimer. Alors il sort pour dîner.

Ce soir-là, il se dit que demain est un autre jour. Dans sa tête commence à résonner la clameur de mots nouveaux, mais il ne les transcrit pas. Il décide de s'appeler A. Il va et vient entre la table et la fenêtre. Il allume la radio, puis l'éteint. Il fume une cigarette.

Puis il écrit. Cela fut. Ce ne sera jamais plus.

Veille de Noël, 1979. Sa vie ne semblait plus se dérouler dans le présent. Quand il ouvrait la radio pour écouter les nouvelles du monde, il se surprenait à les entendre comme les descriptions d'événements survenus depuis longtemps. Cette actualité dans laquelle il se trouvait, il avait l'impression de l'observer depuis le futur, et ce présent-passé était si dépassé que même les atrocités du jour, qui normalement l'auraient rempli d'indignation, lui paraissaient lointaines, comme si cette voix sur les ondes avait lu la chronique d'une civilisation perdue. Plus tard, à un moment de plus grande lucidité, il nommerait cette sensation la "nostalgie du présent".

Poursuivre avec une description détaillée des systèmes classiques de mémorisation, assortie de cartes, de diagrammes et de dessins symboliques. Raymond Lull, par exemple, ou Robert Fludd, sans parler de Giordano Bruno, le fameux philosophe mort sur le bûcher en 1600. Lieux et images comme catalyseurs du souvenir d'autres lieux et d'autres images : objets, événements, vestiges enfouis de notre propre vie. Mnémotechnique. Poursuivre avec cette idée de Bruno, que la structure de la pensée humaine correspond à celle de la nature. Et conclure, par conséquent, que toute chose est, en un sens, reliée à toutes les autres.

En même temps, comme en parallèle à ce qui précède, un bref discours sur la chambre. Par exemple l'image d'un homme seul, assis dans une pièce. Comme dans Pascal : "Tout le malheur des hommes vient d'une seule chose, qui est de ne savoir pas demeurer au repos dans une chambre." Comme dans la phrase : "Il a écrit le Livre de la mémoire dans cette chambre."

Le Livre de la mémoire. Livre un.

Veille de Noël, 1979. Il est à New York, seul dans sa petite chambre au 6, Varick Street. Comme beaucoup d'immeubles du voisinage, celui-ci n'était à l'origine qu'un lieu de travail. Des traces de cette vie antérieure subsistent partout autour de lui : réseaux de mystérieuses tuyauteries, plafonds de tôle couverts de suie, radiateurs chuintants. Quand il pose les yeux sur le panneau de verre dépoli de la porte, il peut lire, à l'envers, ces lettres tracées avec maladresse : R. M. Pooley, électricien agréé. Il n'a jamais été prévu que des gens habitent ici. Cet endroit était destiné à des machines, à des crachoirs et à de la sueur.

Il ne peut pas appeler cela sa maison, mais depuis neuf mois c'est tout ce qu'il a. Quelques douzaines de livres, un matelas sur le sol, une table, trois chaises, un réchaud et un évier corrodé où ne coule que de l'eau froide. Les toilettes sont au bout du couloir, mais il ne les utilise que quand il doit chier. Il pisse dans l'évier. Depuis trois jours l'ascenseur est en panne et il hésite maintenant à sortir. Ce n'est pas que les dix volées d'escalier à grimper au retour lui fassent peur, mais il trouve déprimant de se donner tant de mal pour se retrouver dans cet endroit sinistre. S'il reste dans sa chambre pendant un laps de temps suffisant, il réussit généralement à la remplir de ses pensées, ce qui lui donne l'illusion d'en dissiper l'atmosphère lugubre, ou lui permet d'en avoir moins conscience. Chaque fois qu'il sort, il emporte ses pensées et, en son absence, la pièce se débarrasse progressivement des efforts qu'il avait fournis pour l'habiter. Quand il rentre, tout le processus est à recommencer et cela demande du travail, un vrai travail spirituel. Compte tenu de sa condition physique après cette ascension (les poumons tels des soufflets de forge, les jambes aussi raides et lourdes que des troncs d'arbre), il lui faut d'autant plus longtemps pour engager cette lutte intérieure. Dans l'intervalle, dans ce néant qui sépare l'instant où il ouvre la porte de celui où commence sa reconquête du vide, son esprit se débat en une panique sans nom. C'est comme s'il était obligé d'assister à sa propre disparition, comme si, en franchissant le seuil de cette chambre, il pénétrait dans une autre dimension, comme s'il s'installait à l'intérieur d'un trou noir.

Au-dessus de lui des nuages sombres passent devant la lucarne tachée de goudron et dérivent dans le soir de Manhattan. Au-dessous de lui, il entend la circulation qui se précipite vers le Holland

Tunnel : des flots de voitures rentrent ce soir dans le New Jersey pour la veillée de Noël. Aucun bruit dans la chambre à côté. Les frères Pomponio, qui arrivent là tous les matins pour fabriquer, en fumant leurs cigares, des lettres en plastique destinées aux étalages – une entreprise qu'ils font tourner à raison de douze ou quatorze heures de travail par jour – sont probablement chez eux en train de se préparer au repas de réveillon. Tant mieux. Depuis quelque temps l'un d'eux passe la nuit dans son atelier et ses ronflements empêchent inexorablement A. de dormir. Il couche tout près de A., juste de l'autre côté de la cloison qui sépare leurs deux chambres, et, au fil des heures, A., allongé sur son lit, le regard perdu dans l'obscurité, essaie d'accorder le rythme de ses pensées au flux et au reflux des rêves adénoïdes et agités de son voisin. Les ronflements enflent progressivement et, à l'acmé de chaque cycle, deviennent longs, aigus, presque hystériques, comme si le ronfleur devait, la nuit venue, imiter le bruit de la machine qui le retient captif dans la journée. Pour une fois A. peut compter sur un sommeil calme et ininterrompu. Même la venue du père Noël ne le dérangera pas.

Solstice d'hiver : la période la plus sombre de l'année. A peine éveillé le matin, il sent que déjà le jour commence à lui échapper. Il n'a pas une lumière où s'engager, aucun sens du temps qui passe. Il a plutôt une sensation de portes qui se ferment, de serrures verrouillées. Une saison hermétique, un long repliement sur soi-même. Le monde extérieur, le monde tangible de la matière et des corps semble n'être plus qu'une émanation de son esprit. Il se sent glisser à travers les événements, rôder comme un fantôme autour de sa propre présence, comme s'il vivait quelque part à côté de lui-même – pas réellement ici, mais pas ailleurs non plus. Il formule quelque part en marge d'une pensée : Une obscurité dans les os ; noter ceci.

Dans la journée, les radiateurs chauffent au maximum. Même maintenant, en plein cœur de l'hiver, il est obligé de laisser la fenêtre ouverte. Mais pendant la nuit il n'y a pas de chauffage du tout. Il dort tout habillé, avec deux ou trois chandails, emmitouflé dans un sac de couchage. Pendant les week-ends, le chauffage est coupé complètement, jour et nuit, et il lui est arrivé ces derniers temps, quand il essayait d'écrire, assis à sa table, de ne plus sentir le stylo entre ses doigts. Ce manque de confort, en soi, ne le dérange pas. Mais il a pour effet de le déséquilibrer, de le forcer à se maintenir en état permanent de vigilance. En dépit des apparences, cette chambre n'est pas un refuge. Il n'y a rien ici d'accueillant, aucun espoir d'une vacance du corps, où il pourrait se laisser séduire par les charmes de l'oubli. Ces quatre murs ne recèlent que les signes de sa propre inquiétude et pour trouver dans cet environnement un minimum de paix il lui faut s'enfoncer en lui-même de plus en plus profondément. Mais plus il s'enfoncera, moins il restera à pénétrer. Ceci lui paraît incontestable. Tôt ou tard, il va se consumer.

Quand le soir tombe, l'intensité électrique dimi-
nue de moitié, puis remonte, puis redescend, sans
raison apparente. Comme si l'éclairage se trouvait
sous le contrôle de quelque divinité fantasque. La
Consolidated Edison ne tient aucun compte de
cet endroit et personne ici n'a jamais dû payer le
courant. De même, la compagnie du téléphone
a refusé de reconnaître l'existence de A. Installé
depuis neuf mois, l'appareil fonctionne sans problème ; mais jusqu'à présent A. n'a pas reçu de
facture. Quand il a appelé l'autre jour pour régula-
riser la situation, on lui a soutenu qu'on n'avait
jamais entendu parler de lui. Pour une raison ou
une autre il a réussi à échapper aux griffes de
l'ordinateur, et ses appels ne sont jamais compta-
bilisés. Son nom ne figure pas dans les livres. Il
pourrait s'il en avait envie occuper ses moments
perdus à téléphoner gratuitement aux quatre coins
du monde. Mais en fait il n'a envie de parler à personne. Ni en Californie, ni à Paris, ni en Chine.
L'univers s'est rétréci pour lui aux dimensions de
cette chambre et, pendant tout le temps qu'il lui
faudra pour comprendre cela, il doit rester où il est.
Une seule chose est certaine : il ne peut être nulle
part tant qu'il ne se trouve pas ici. Et s'il n'arrive
pas à découvrir cet endroit, il serait absurde de
penser à en chercher un autre.

La vie à l'intérieur de la baleine. Un commentaire sur Jonas, et la signification du refus de parler.

Texte parallèle : Geppetto dans le ventre du requin (une baleine dans la version de Disney) et l'histoire de sa délivrance par Pinocchio. Est-il vrai qu'on doit plonger dans les profondeurs de la mer pour sauver son père avant de devenir un vrai garçon ?

Première exposition de ces thèmes. Épisodes ultérieurs à suivre.

Ensuite, le naufrage. Crusoé sur son île. "Ce jeune homme pourrait vivre heureux, s'il voulait rester chez lui, mais s'il part à l'étranger il sera le plus malheureux du monde." Conscience solitaire. Ou, comme le dit George Oppen, "le naufrage du singulier".

Se figurer les vagues tout autour, l'eau aussi illimitée que l'air, et derrière lui la chaleur de la jungle. "Me voici séparé de l'humanité, solitaire, proscrit de la société humaine."

Et Vendredi ? Non, pas encore. Il n'y a pas de Vendredi, du moins pas ici. Tout ce qui arrive est antérieur à ce moment-là. Ou bien : les vagues auront effacé les traces de pieds.

Premier commentaire sur la nature du hasard.

Voici le point de départ. Un de ses amis lui raconte une histoire. Plusieurs années passent, et un beau jour il se trouve y penser à nouveau. Le point de départ n'est pas cette histoire. C'est plutôt le fait de s'en être souvenu, par lequel il prend conscience que quelque chose est en train de lui arriver. Car cette anecdote ne lui serait pas revenue à l'esprit si la cause même du réveil de sa mémoire ne s'était déjà fait sentir. Sans le savoir, il a fouillé dans les profondeurs de souvenirs presque disparus, et maintenant que l'un d'eux remonte à la surface, il ne pourrait évaluer le temps pendant lequel il a fallu creuser.

Pendant la guerre, pour échapper aux nazis, le père de M. s'était caché pendant plusieurs mois à Paris dans une *chambre de bonne*. Il avait finalement réussi à partir et à atteindre l'Amérique, où il avait commencé une vie nouvelle. Des années s'étaient écoulées, plus de vingt années. M. était né, avait grandi, et s'en allait maintenant étudier à Paris. Une fois là, il passait quelques semaines difficiles à chercher un logement. Au moment précis où, découragé, il allait y renoncer, il se trouvait une petite *chambre de bonne*. Aussitôt installé, il écrivait à son père pour lui annoncer la bonne nouvelle. Environ une semaine plus tard arrivait la réponse : Ton adresse, écrivait le père de M., est celle de l'immeuble où je me suis caché pendant la guerre. Suivait une description détaillée de la chambre. C'était celle-là même que son fils venait de louer.

Le point de départ est donc cette chambre. Et puis cette autre chambre. Et au-delà, il y a le père, il y a le fils, et il y a la guerre. Parler de la peur, rappeler que l'homme qui se cachait dans cette mansarde était juif. Noter aussi que cela se passait à Paris, une ville d'où A. revenait à peine (le 15 décembre) et où il avait jadis vécu toute une année dans une *chambre de bonne* – il y avait écrit son premier recueil de poèmes et son propre père, à l'occasion de son unique voyage en Europe, y était un jour venu le voir. Se souvenir de la mort de son père. Et au-delà de tout cela, comprendre – c'est le plus important – que l'histoire de M. ne signifie rien.

Il s'agit bien, néanmoins, du point de départ. Le premier mot n'apparaît qu'au moment où plus rien ne peut être expliqué, à un point de l'expérience qui dépasse l'entendement. On est réduit à ne rien dire. Ou alors, à se dire : Voici ce qui me hante. Et se rendre compte, presque dans le même souffle, que soi-même on hante cela.

Il pose une feuille blanche sur la table devant lui et trace ces mots avec son stylo. Epigraphe possible pour le Livre de la mémoire.

Ensuite il ouvre un livre de Wallace Stevens *(Opus Posthumous)* et en copie la phrase suivante.

"En présence d'une réalité extraordinaire, la conscience prend la place de l'imagination."

Plus tard dans la journée, il écrit sans arrêt pendant trois ou quatre heures. Après quoi, se relisant, il ne trouve d'intérêt qu'à un seul paragraphe. Bien qu'il ne sache pas trop ce qu'il en pense, il décide de le conserver pour référence future et le copie dans un carnet ligné :

Quand le père meurt, transcrit-il, le fils devient son propre père et son propre fils. Il observe son fils et se reconnaît sur le visage de l'enfant. Il imagine ce que voit celui-ci quand il le regarde et se sent devenir son propre père. Il en est ému, inexplicablement. Ce n'est pas tant par la vision du petit garçon, ni même par l'impression de se trouver à l'intérieur de son père, mais par ce qu'il aperçoit, dans son fils, de son propre passé disparu. Ce qu'il ressent, c'est peut-être la nostalgie de sa vie à lui, le souvenir de son enfance à lui, en tant que fils de son père. Il est alors bouleversé, inexplicablement, de bonheur et de tristesse à la fois, si c'est possible, comme s'il marchait à la fois vers l'avant et vers l'arrière, dans le futur et dans le passé. Et il y a des moments, des moments fréquents, où ces sensations sont si fortes que sa vie ne lui paraît plus se dérouler dans le présent.

La mémoire comme un lieu, un bâtiment, une succession de colonnes, de corniches et de portiques. Le corps à l'intérieur de l'esprit, comme si là-dedans nous déambulions d'un lieu à un autre, et le bruit de nos pas tandis que nous déambulons d'un lieu à un autre.

"Il faut se servir d'emplacements nombreux, écrit Cicéron, remarquables, bien distincts, et cependant peu éloignés les uns des autres ; employer des images saillantes, à vives arêtes, caractéristiques, qui puissent se présenter d'elles-mêmes et frapper aussitôt notre esprit... Les lieux sont les tablettes de cire sur lesquelles on écrit ; les images sont les lettres qu'on y trace, l'arrangement et la disposition de ces images à l'écriture, et la parole à la lecture."

Il y a dix jours qu'il est revenu de Paris. Il s'y était rendu pour raisons professionnelles et c'était la première fois depuis plus de cinq ans qu'il retournait à l'étranger. Le voyage, les conversations continuelles, les excès de boisson avec de vieux amis, le fait d'être si longtemps séparé de son petit garçon, tout l'avait lassé à la fin. Comme il disposait de quelques jours avant son retour, il a préféré les passer à Amsterdam, une ville où il n'était jamais allé. Il pensait : les tableaux. Mais une fois sur place, c'est par une visite imprévue qu'il a été le plus impressionné. Sans raison particulière (il feuilletait un guide trouvé dans sa chambre d'hôtel), il a décidé d'aller voir la maison d'Anne Frank, qu'on a transformée en musée. C'était un dimanche matin, gris et pluvieux, et les rues le long du canal étaient désertes. Il a grimpé l'escalier étroit et raide, et pénétré dans l'annexe secrète. Dans la chambre d'Anne Frank, cette chambre où le journal a été écrit, nue maintenant, avec encore aux murs les photos fanées de stars d'Hollywood qu'elle collectionnait, il s'est soudain aperçu qu'il pleurait. Sans

130

les sanglots que provoquerait une douleur intérieure profonde, mais silencieusement, les joues inondées de larmes, simple réponse à la vie. C'est à ce moment, il s'en est rendu compte plus tard, que le Livre de la mémoire a commencé. Comme dans la phrase : "Elle a écrit son journal dans cette chambre."

De cette pièce, qui donnait sur la cour, on apercevait la façade arrière de la maison où jadis Descartes a vécu. Il y a maintenant dans ce jardin des balançoires, des jouets d'enfants éparpillés dans l'herbe, de jolies petites fleurs. Ce jour-là, en regardant par la fenêtre, A. se demandait si les enfants à qui appartenaient ces jouets avaient la moindre idée de ce qui s'était passé trente-cinq ans plus tôt à l'endroit même où il se trouvait. Et si oui, quel effet cela pouvait faire de grandir dans l'ombre de la chambre d'Anne Frank.

Revenir à Pascal : "Tout le malheur des hommes vient d'une seule chose, qui est de ne savoir pas demeurer au repos dans une chambre." Au même moment à peu près où ces mots prenaient place dans les *Pensées*, Descartes écrivait, de son logis dans cette maison d'Amsterdam, à un ami qui vivait en France. "Quel autre pays, demandait-il avec enthousiasme, où l'on jouisse d'une liberté si entière ?" Dans un sens, tout peut être lu comme une glose sur tout le reste. Imaginer Anne Frank, par exemple, si elle avait survécu à la guerre, devenue étudiante à l'université d'Amsterdam, et lisant les *Méditations* de Descartes. Imaginer une solitude si écrasante, si inconsolable que pendant des centaines d'années on ne puisse plus respirer.

Il note avec une certaine fascination que l'anniversaire d'Anne Frank est le même que celui de son fils. Le 12 juin. Sous le signe des Gémeaux. L'image des jumeaux. Un monde où tout est double, où tout arrive toujours deux fois.

La mémoire : espace dans lequel un événement se produit pour la seconde fois.

Le Livre de la mémoire. Livre deux.
Le Dernier Testament d'Israël Lichtenstein. Varsovie, le 31 juillet 1942.

"C'est avec ferveur et enthousiasme que je me suis mis à la tâche afin d'aider au rassemblement des archives. On m'en a confié la conservation. J'ai caché les documents. Personne à part moi n'est au courant. Je ne me suis confié qu'à mon ami Hersch Wasser, mon supérieur… Ils sont bien dissimulés. Plaise à Dieu qu'ils soient préservés. Ce sera ce que nous aurons accompli de plus beau et de meilleur en ces temps d'épouvante… Je sais que nous ne serons plus là. Survivre, rester en vie après des meurtres et des massacres aussi horribles serait impossible. C'est pourquoi je rédige ce testament qui est le mien. Peut-être ne suis-je pas digne qu'on se souvienne de moi, sinon pour avoir eu le courage de travailler au sein de la communauté

Oneg Shabbat et de m'être trouvé le plus exposé, puisque je détenais tous les documents. Risquer ma propre tête serait peu de chose. Je risque celle de ma chère épouse Gele Seckstein et celle de mon trésor, ma petite fille, Margalit... Je ne veux ni gratitude, ni monument, ni louanges. Je voudrais qu'on se souvienne, afin que ma famille, mon frère et ma sœur qui vivent à l'étranger, puissent savoir ce que sont devenus mes restes... Je voudrais qu'on se souvienne de ma femme. Gele Seckstein, artiste, des douzaines d'œuvres, du talent, elle n'a pas réussi à exposer, pas pu se faire connaître du public. A travaillé parmi les enfants pendant les trois années de guerre, comme éducatrice, comme institutrice, a créé des décors, des costumes pour leurs spectacles, a reçu des prix. Ensemble, maintenant, nous nous préparons à accueillir la mort... Je voudrais qu'on se souvienne de ma petite fille. Margalit, vingt mois aujourd'hui. Elle a une maîtrise parfaite du yiddish, elle parle un yiddish pur. Dès neuf mois elle a commencé à s'exprimer clairement en yiddish. Pour l'intelligence, elle est l'égale d'enfants de trois ou quatre ans. Ceci n'est pas fanfaronnade. Il y a des témoins, ceux qui me le racontent, ce sont les enseignants de l'école du 68, rue Nowolipki... Je ne regrette pas ma vie ni celle de mon épouse. Mais je pleure pour la fillette si douée. Elle aussi mérite qu'on se souvienne d'elle... Puisse notre sacrifice racheter tous les autres juifs dans le monde entier. Je crois à la survivance de notre peuple. Les juifs ne seront pas anéantis. Nous, les juifs de Pologne, de Tchécoslovaquie, de Lituanie et de Lettonie, nous sommes les boucs émissaires pour tout Israël dans tous les autres pays."

Debout, immobile, il guette. Il s'assied. Il se met au lit. Il marche dans les rues. Il prend ses repas au *Square Diner*, seul dans une stalle, un journal étalé devant lui sur la table. Il ouvre son courrier. Il écrit des lettres. Debout, il guette. Il marche dans les rues. Il apprend d'un vieil ami anglais, T., que leurs deux familles sont originaires de la même ville d'Europe de l'Est (Stanislav). Avant la Première Guerre mondiale, cette ville faisait partie de l'Empire austro-hongrois ; entre les deux guerres, elle est passée à la Pologne ; et maintenant, depuis la fin de la Deuxième Guerre mondiale, à l'Union soviétique. Dans sa première lettre, T. se demande s'il ne se pourrait pas, après tout, qu'ils soient cousins. Dans la seconde, néanmoins, il apporte des éclaircissements. Une vieille tante lui a raconté qu'à Stanislav sa famille avait de la fortune ; la famille de A., par contre (et ceci correspond à ce que celui-ci a toujours su), était pauvre. Selon la tante de T., un parent de A. habitait un petit pavillon dans la propriété de la famille de T. Amoureux fou de la jeune fille de la maison, il l'avait demandée en mariage et elle l'avait éconduit. Il avait alors quitté Stanislav définitivement.

Cette histoire exerce sur A. une fascination particulière, parce que cet homme portait exactement le même nom que son fils.

Quelques semaines plus tard, il lit l'article suivant dans l'Encyclopédie juive :

"AUSTER, DANIEL (1893-1962). Juriste israélien et maire de Jérusalem. Auster, né à Stanislav (alors en Galicie occidentale), a étudié le droit à Vienne. Diplômé en 1914, il s'est installé en Palestine. Pendant la Première Guerre mondiale, engagé dans l'état-major du Corps expéditionnaire autrichien à Damas, il a assisté Arthur Ruppin pour l'envoi, de Constantinople, d'une aide financière aux *yishuv* affamés. Après la guerre, il a ouvert à Jérusalem un cabinet juridique qui représentait plusieurs intérêts judéo-arabes, et exercé les fonctions de secrétaire du département juridique de la Commission sioniste (1919-1920). En 1934, Auster a été élu au conseil municipal de Jérusalem et en 1935, adjoint au maire. Pendant les années 1936-1938 et 1944-1945, il a fait fonction de maire. En 1947-1948, aux Nations unies, il a défendu la cause juive contre la proposition d'internationalisation de Jérusalem. En 1948, Auster (représentant du parti progressiste) a été élu maire de Jérusalem, poste qu'il était le premier à occuper depuis l'indépendance d'Israël. Il y est resté jusqu'en 1951. En 1948, il a également fait partie du Conseil provisoire de l'Etat d'Israël. Il a présidé l'Association israélienne pour les Nations unies depuis sa création et jusqu'à sa mort."

Durant ces trois jours à Amsterdam, il a passé son temps à se perdre. La ville a un plan circulaire (une série de cercles concentriques coupés par les canaux, hachurés par des centaines de petits ponts dont chacun donne accès à un autre, puis à un autre, indéfiniment) et on ne peut pas, comme ailleurs, "suivre" simplement une rue. Pour atteindre un endroit, il faut savoir d'avance par où aller. A. ne le savait pas, puisqu'il était étranger, et de plus il éprouvait une curieuse réticence à consulter un plan. Il a plu pendant trois jours, et pendant trois jours il a tourné en rond. Il se rendait compte que, comparée à New York (ou New Amsterdam, comme il se le répète volontiers depuis son retour), Amsterdam est petite, on pourrait probablement mémoriser ses rues en une dizaine de jours. Et même s'il était perdu, ne lui aurait-il pas été possible de demander son chemin à un passant ? En théorie, oui, mais en fait il était incapable de s'y résoudre. Non qu'il eût peur des inconnus, ou une répugnance physique à parler. C'était plus subtil : il hésitait à s'adresser en anglais aux Hollandais. Presque tout le monde, à Amsterdam, pratique un excellent anglais. Mais cette facilité de communication le troublait, comme si elle avait, d'une certaine manière, risqué de priver le lieu de son individualité. Non qu'il recherchât l'exotisme, mais il lui semblait que la ville y perdrait de son caractère propre – comme si le fait de parler sa langue pouvait rendre les Hollandais moins hollandais. S'il avait eu la certitude de n'être compris de personne, il n'aurait pas hésité à aborder un inconnu et à s'adresser à lui en anglais, dans un effort comique pour se faire comprendre à l'aide de mots, de gestes et de grimaces. Les choses étant ce qu'elles étaient, il ne se sentait pas disposé à violer l'identité nationale des Hollandais, même si eux, depuis longtemps, avaient consenti à un tel viol. Il se taisait donc. Marchait. Tournait en rond. Acceptait de se perdre. Parfois – il s'en apercevait ensuite –, il parvenait à quelques mètres de sa destination mais, faute de savoir où tourner, s'engageait alors dans une mauvaise direction et s'éloignait de plus en plus de l'endroit vers lequel il croyait aller. L'idée lui est venue qu'il errait peut-être dans les cercles de l'enfer, que le plan de la ville avait été conçu comme une image du royaume des morts, sur la base de l'une ou l'autre représentation classique. Il s'est alors souvenu que plusieurs schémas du monde souterrain avaient été utilisés comme systèmes mnémotechniques par des écrivains du XVIe siècle traitant de ce sujet (Cosmas Rossellius, par exemple, dans son *Thesaurus Artificiosae Memoriae*, Venise, 1579). Et si Amsterdam était l'enfer, et l'enfer la mémoire, cela avait peut-être un sens, il s'en rendait compte, qu'il se perdît ainsi. Coupé de tout ce qui lui était familier, incapable d'apercevoir le moindre point de référence, il voyait ces pas qui ne le menaient nulle part le mener en lui-même. C'est en lui-même qu'il errait, qu'il se perdait. Loin de l'inquiéter, cette absence de repère devenait une source de bonheur, d'exaltation. Il s'en imprégnait jusqu'à la moelle. Comme à l'ultime instant précédant la découverte de quelque connaissance cachée, il s'en imprégnait jusqu'à la moelle en se disant, presque triomphalement : Je suis perdu.

Sa vie ne semblait plus se dérouler dans le présent. Chaque fois qu'il voyait un enfant, il essayait d'imaginer l'adulte qu'il serait un jour. Chaque fois qu'il voyait un vieillard, il tentait de se représenter l'enfant qu'il avait été.

C'était pis avec les femmes, particulièrement avec une femme jeune et belle. Il ne pouvait s'empêcher de considérer, derrière son visage, à travers la peau, le crâne anonyme. Et plus le visage était joli, plus il mettait d'ardeur à y détecter ces signes intrus, annonciateurs du futur : les rides naissantes, le menton promis à l'avachissement, un reflet de désillusion dans les yeux. Il superposait les masques : cette femme à quarante ans, à soixante, à quatre-vingts, comme s'il se sentait obligé de partir, de ce présent où il se trouvait, à la recherche du futur, tenu de dépister la mort qui vit en chacun de nous.

Quelque temps plus tard, il a rencontré une pensée similaire dans une des lettres de Flaubert à Louise Colet (août 1846) et le parallèle l'a frappé : "... C'est que je devine l'avenir, moi. C'est que sans cesse l'antithèse se dresse devant mes yeux. Je n'ai jamais vu un enfant sans penser qu'il deviendrait vieillard ni un berceau sans songer à une tombe. La contemplation d'une femme nue me fait rêver à son squelette."

Marcher dans un couloir d'hôpital et entendre un homme qui vient d'être amputé d'une jambe crier à tue-tête : J'ai mal, j'ai mal. Cet été-là (1979), tous les jours pendant plus d'un mois, traverser la ville pour se rendre à l'hôpital ; chaleur insupportable. Aider son grand-père à mettre ses fausses dents. Raser les joues du vieillard à l'aide d'un rasoir électrique. Lui lire dans le *New York Post* les résultats des matchs de base-ball.

Première exposition de ces thèmes. Episodes ultérieurs à suivre.

Deuxième commentaire sur la nature du hasard.

Il se souvient d'avoir manqué l'école un jour pluvieux d'avril 1962 avec son ami D. pour aller aux *Polo Grounds* assister à l'un des tout premiers matchs joués par les *Mets* de New York. Le stade était presque vide (huit ou neuf mille spectateurs), et les *Mets* ont été largement battus par les *Pirates* de Pittsburgh. Les deux amis étaient assis à côté d'un garçon de Harlem et A. se rappelle l'agréable aisance avec laquelle tous trois ont bavardé au cours de la partie.

Il n'est retourné qu'une fois aux *Polo Grounds* au cours de cette saison, pour un match double contre les *Dodgers* à l'occasion du *Memorial Day* (jour du Souvenir, jour des Morts) : plus de cinquante mille personnes sur les gradins, un soleil resplendissant et un après-midi d'événements extravagants sur le terrain : un triple jeu, des coups de circuit sans que la balle sorte du stade, des doubles vols de base. Le même ami l'accompagnait ce jour-là, et ils étaient assis dans un coin reculé du stade, rien à voir avec les bonnes places où ils avaient réussi à se faufiler lors du match précédent. Un moment donné, ils se sont levés pour aller chercher des hot-dogs et là, à peine quelques rangées plus bas sur les marches de béton, se trouvait le garçon qu'ils avaient rencontré en avril, installé cette fois à côté de sa mère. Ils se sont reconnus et salués chaleureusement, et chacun s'étonnait de la coïncidence de cette deuxième rencontre. Qu'on ne s'y trompe pas : l'improbabilité d'une telle rencontre était astronomique. Comme les deux amis, A. et D., le garçon qui était maintenant assis près de sa mère n'était pas revenu voir un seul match depuis ce jour pluvieux d'avril.

La mémoire : une chambre, un crâne, un crâne qui renferme la chambre dans laquelle un corps est assis. Comme dans cette image : "Un homme était assis seul dans sa chambre."

"Grande, ô mon Dieu, est cette puissance de la mémoire ! s'étonne saint Augustin. [...] C'est un sanctuaire immense, infini. Qui a jamais pénétré jusqu'au fond ? Ce n'est pourtant qu'une puissance de mon esprit, liée à ma nature : mais je ne puis concevoir intégralement ce que je suis. L'esprit est donc trop étroit pour se contenir lui-même ? Alors où reflue ce qu'il ne peut contenir de lui ? Serait-ce hors de lui et non en lui ? Mais comment ne le contient-il pas ?"

Le Livre de la mémoire. Livre trois.

C'est à Paris, en 1965, qu'il a éprouvé pour la première fois les possibilités infinies d'un espace limité. Au hasard d'une rencontre dans un café avec un inconnu, on l'a présenté à S. A cette époque, l'été entre lycée et université, A. venait d'avoir dix-huit ans et n'était encore jamais venu à Paris. Ce sont ses tout premiers souvenirs de cette ville où il devait passer plus tard une si grande partie de sa vie, et ils sont inévitablement liés à la notion de chambre.

Le quartier de la place Pinel, dans le treizième arrondissement, où habitait S., était un quartier ouvrier et, à cette époque, l'un des derniers vestiges du vieux Paris – le Paris dont on parle encore mais qui n'existe plus. S. habitait un espace si réduit que cela ressemblait d'abord à un défi, une résistance à toute intrusion. Un seul occupant peuplait la pièce, deux personnes l'encombraient. Il était impossible de s'y déplacer sans contracter son corps pour le réduire à ses moindres dimensions, sans concentrer son esprit en un point infiniment petit au-dedans de soi. Ce n'est qu'à cette condition que l'on pouvait commencer à respirer, sentir la chambre se déployer, et se voir en explorer mentalement l'étendue démesurée et insondable. Car cette chambre contenait un univers entier, une cosmogonie en miniature comprenant tout ce qui existe de plus vaste, de plus distant, de plus inconnu. C'était une châsse, à peine plus grande qu'un corps humain, à la gloire de tout ce qui en dépasse les limites : la représentation, jusqu'au moindre détail, du monde intérieur d'un homme. S. avait littéralement réussi à s'entourer de ce qui se trouvait au-dedans de lui. L'espace qu'il habitait tenait du rêve, ses murs telle la peau d'un second corps autour du sien, comme si celui-ci avait été transformé en esprit, vivant instrument de pensée pure. C'était l'utérus, le ventre de la baleine, le lieu originel de l'imagination. En se situant dans cette obscurité, S. avait inventé un moyen de rêver les yeux ouverts.

Ancien élève de Vincent d'Indy, S. avait été considéré jadis comme un jeune compositeur plein de promesses. Aucune de ses œuvres n'avait pourtant été interprétée en public depuis plus de vingt ans. Naïf en toutes choses mais particulièrement en politique, il avait eu le tort de faire jouer à Paris, pendant la guerre, deux de ses plus importantes pièces orchestrales – la *Symphonie de feu* et l'*Hommage à Jules Verne* – qui demandaient chacune plus de cent trente musiciens. Et cela en 1943, quand l'occupation nazie battait son plein. A la fin de la guerre, on en avait conclu que S. avait été un collaborateur et, bien que rien ne fût plus éloigné de la vérité, il avait été boycotté par le monde musical français – insinuations, consentement tacite, jamais de confrontation directe. L'unique signe témoignant que ses collègues se souvenaient encore de lui était la carte de vœux qu'il recevait, chaque Noël, de Nadia Boulanger.

Bégayeur, innocent, porté sur le vin rouge, il était si dépourvu de malice, si ignorant de la méchanceté du monde qu'il aurait été bien incapable de se défendre contre ses accusateurs anonymes. Il s'était contenté de s'effacer, en se dissimulant derrière un masque d'excentricité. S'étant institué prêtre orthodoxe (il était russe), il portait une longue barbe et une soutane noire, et avait changé son nom en *l'Abbaye de la Tour du Calame*. Il continuait cependant – par à-coups, entre des périodes de stupeur – l'œuvre de sa vie : une composition pour trois orchestres et quatre chœurs dont l'exécution aurait duré douze jours. Du fond de sa misère et de son dénuement, il se tournait vers A. et déclarait, dans un bégaiement désespéré, ses yeux gris étincelants : "Tout est miraculeux. Il n'y a jamais eu d'époque plus merveilleuse que celle-ci."

Le soleil ne pénétrait pas dans sa chambre, place Pinel. Il avait tendu devant la fenêtre une épaisse étoffe noire et le peu de lumière qu'il tolérait provenait de quelques lampes de faible intensité, disposées à des endroits stratégiques. A peine plus grande qu'un compartiment de chemin de fer de deuxième classe, cette chambre en avait plus ou moins la forme : étroite, haute, avec une seule fenêtre tout au fond. S. avait encombré cet espace minuscule d'une multitude d'objets, vestiges d'une vie entière : livres, photographies, manuscrits, fétiches personnels – tout ce qui présentait pour lui quelque importance. Le long de chaque mur, jusqu'au plafond, se dressaient des rayonnages ; surchargés par cette accumulation, tous plus ou moins affaissés et inclinés vers l'intérieur, il semblait que la moindre turbulence risquât d'en ébranler l'édifice et de précipiter sur S. la masse entière des objets. Il vivait, travaillait, mangeait et dormait dans son lit. Juste à sa gauche, de petites étagères étaient encastrées dans le mur, vide-poches qui paraissait receler tout ce qu'il souhaitait avoir sous la main au cours de la journée : stylos, crayons, encre, papier à musique, fume-cigarette, radio, canif, bouteilles de vin, pain, livres, loupe. A sa droite se trouvait un plateau fixé sur un support métallique, qu'il pouvait faire pivoter pour l'amener au-dessus du lit ou l'en écarter, et qu'il utilisait tour à tour comme bureau et pour prendre ses repas. C'était une vie à la Crusoé : naufragé au cœur de la ville. Car S. avait tout prévu. Il avait réussi, malgré sa pauvreté, à s'organiser avec plus d'efficacité que bien des millionnaires. Il était réaliste, en dépit des apparences, jusque dans ses excentricités. Un examen approfondi lui avait permis de connaître ce qui était nécessaire à sa survie et il admettait ses bizarreries comme conditions de son existence. Son attitude n'avait rien de timoré ni de pieux, n'évoquait en rien le renoncement d'un ermite. Il s'accommodait des circonstances avec passion, avec un joyeux enthousiasme, et en y repensant aujourd'hui, A. se rend compte qu'il n'a jamais rencontré personne aussi porté à rire, de si bon cœur et si souvent.

La composition gigantesque à laquelle S. se consacrait depuis quinze ans était loin d'être achevée. Il en parlait comme de son *Work in Progress*, en un écho conscient à Joyce, qu'il admirait profondément, ou alors comme du *Dodécalogue*, la décrivant comme l'ouvrage-à-accomplir-qu'on-accomplit-en-l'accomplissant. Il était peu probable qu'il s'imaginât l'achever un jour. Il paraissait accepter presque comme une donnée théologique le caractère inévitable de son échec et ce qui aurait conduit tout autre à une impasse désespérée était pour lui une source intarissable d'espoirs chimériques. A une époque antérieure, la plus sombre, peut-être, qu'il eût connue, il avait fait l'équation entre sa vie et son œuvre, et il n'était plus capable désormais de les distinguer l'une de l'autre. Toute idée alimentait son œuvre ; l'idée de son œuvre donnait un sens à sa vie. Si sa création avait appartenu à l'ordre du possible – un travail susceptible d'être terminé et, par conséquent, détaché de lui – son entreprise en eût été faussée. Il était essentiel d'échouer, mais de n'échouer que dans la tentative la plus incongrue que l'on pût concevoir. Paradoxalement, le résultat final était l'humilité, une manière de mesurer sa propre insignifiance par rapport à Dieu. Car des rêves tels que les siens ne pouvaient exister que dans l'esprit de Dieu. En rêvant ainsi, S. avait trouvé un moyen de participer à tout ce qui le dépassait, de se rapprocher de quelques pouces du cœur de l'infini.

Pendant plus d'un mois, au cours de cet été 1965, A. lui avait rendu visite deux ou trois fois par semaine. Il ne connaissait personne d'autre dans la ville et S. y était devenu son point d'attache. Il pouvait toujours compter sur lui pour être là, l'accueillir avec enthousiasme (à la russe : en l'embrassant sur les joues, trois fois, à gauche, à droite, à gauche) et ne demander qu'à bavarder. Plusieurs années après, dans une période de grande détresse, il a compris que la continuelle attirance exercée sur lui par ces rencontres avec S. provenait de ce que, grâce à elles, pour la première fois, il savait quelle impression cela fait d'avoir un père.

Son propre père était un personnage lointain, presque absent, avec lequel il avait très peu en commun. S., de son côté, avait deux fils adultes qui, se détournant tous deux de son exemple, avaient adopté vis-à-vis de l'existence une attitude agressive et hautaine. En plus de la relation naturelle qui existait entre eux, S. et A. étaient attirés l'un vers l'autre par des besoins convergents : pour l'un, celui d'un fils qui l'acceptât tel qu'il était ; pour l'autre, celui d'un père qui l'acceptât tel qu'il était. Ceci était renforcé par des coïncidences de dates : S. était né la même année que le père de A., qui était né la même année que le plus jeune fils de S. Avec A., S. assouvissait sa fringale de paternité en un curieux mélange de générosité et d'exigences. Il l'écoutait avec gravité et considérait son ambition de devenir écrivain comme le plus naturel des espoirs pour un jeune homme. Si A. avait souvent éprouvé, devant le comportement étrange et renfermé de son père, le sentiment d'être superflu dans sa vie, incapable de rien accomplir qui puisse l'impressionner, S. lui permettait, par sa vulnérabilité et son dénuement, de se sentir nécessaire. A. lui apportait à manger, l'approvisionnait en vin et en cigarettes, s'assurait qu'il ne se laissait pas mourir de faim – un danger réel. Car c'était là le problème avec S. : il ne demandait jamais rien à personne. Il attendait que le monde vînt à lui et s'en remettait à la chance pour son salut. Tôt ou tard, quelqu'un passerait bien : son ex-femme, l'un de ses fils, un ami. Même alors, il ne demandait rien. Mais il ne refusait rien non plus.

Chaque fois que A. arrivait avec un repas (généralement un poulet rôti provenant d'une charcuterie de la place d'Italie), cela se transformait en simulacre de festin, prétexte à célébration. "Ah, du poulet !" s'exclamait S. en mordant dans un pilon. Et puis tandis qu'il mastiquait, le jus dégoulinant dans sa barbe : "Ah, du poulet !" ponctué d'un rire espiègle et un peu moqueur, comme s'il avait considéré son appétit avec ironie sans toutefois renier le plaisir de manger. Dans ce rire, tout devenait absurde et lumineux. L'univers était retourné, balayé, et aussitôt rétabli comme une sorte de plaisanterie métaphysique. Un monde où il n'y avait pas de place pour un homme dépourvu du sens de son propre ridicule.

D'autres rencontres avec S. Echange de lettres entre Paris et New York, quelques photographies, le tout disparu aujourd'hui. En 1967 : un nouveau séjour de plusieurs mois. S. avait alors abandonné ses soutanes et repris son propre nom. Mais sa façon de s'habiller lorsqu'il faisait de petites balades dans les rues de son quartier était tout aussi merveilleuse. Béret, chemise de soie, écharpe, pantalons de gros velours, bottes d'équitation en cuir, canne d'ébène à pommeau d'argent : Paris vu par Hollywood vers les années vingt. Ce n'est peut-être pas un hasard si son plus jeune fils est devenu producteur de cinéma.

En février 1971, A. est retourné à Paris, où il allait demeurer pendant trois ans et demi. Bien qu'il ne fût plus là en visiteur et que par conséquent son temps fût occupé, il a continué à voir S. assez régulièrement, à peu près tous les deux mois. Le lien entre eux existait toujours mais, avec le temps, A. s'est mis à se demander si leur relation actuelle ne reposait pas sur la mémoire de cet autre lien, formé six ans plus tôt. Il se trouve qu'après son retour à New York (juillet 1974) A. n'a plus écrit à S. Non qu'il eût cessé de penser à lui. Mais les souvenirs qu'il en gardait lui paraissaient plus importants que la perspective de renouer un jour le contact. C'est ainsi qu'il a commencé à ressentir de façon palpable, comme dans sa peau, le passage du temps. Sa mémoire lui suffisait. Et cette découverte, en elle-même, était stupéfiante.

Mais ce qui l'a étonné plus encore c'est que lorsqu'il est enfin retourné à Paris (en novembre 1979), après une absence de plus de cinq ans, il n'a pas rendu visite à S. Et cela en dépit de la ferme intention qu'il en avait. Pendant tout son séjour, long de plusieurs semaines, il s'est éveillé chaque matin en se disant : Aujourd'hui je dois trouver le temps de voir S., et puis, au fil de la journée, il s'inventait des excuses pour ne pas y aller. Il a commencé à comprendre que sa réticence était due à la peur. Mais la peur de quoi ? De remonter dans son propre passé ? De découvrir un présent en contradiction avec le passé, qui risquait donc d'altérer celui-ci et de détruire, par conséquent, les souvenirs qu'il voulait préserver ? Non, ce n'était pas si simple, il s'en rendait compte. Alors quoi ? Les jours passaient, et peu à peu il a vu clair. Il avait peur que S. ne soit mort. C'était irrationnel, il le savait. Mais parce que son père était mort depuis moins d'un an, et parce que l'importance que S. avait pour lui était précisément liée à la notion de père, il avait l'impression que d'une certaine manière la mort de l'un impliquait automatiquement celle de l'autre. Il avait beau se raisonner, c'était sa conviction. En plus, il se disait : Si je vais chez S., je vais apprendre qu'il est mort. Si je n'y vais pas, cela signifie qu'il vit. Il lui semblait donc pouvoir contribuer, par son absence, à maintenir S.

en ce monde. Jour après jour, il déambulait dans Paris avec en tête l'image de S. Cent fois dans la journée, il s'imaginait entrant dans la petite chambre de la place Pinel. Et il demeurait malgré tout incapable de s'y rendre. C'est alors qu'il s'est aperçu que vivre ainsi était insoutenable.

Nouveau commentaire sur la nature du hasard.

Une photographie subsiste de sa dernière visite à S., à la fin de ces années parisiennes (1974). A. et S. sont debout, dehors, devant l'entrée de la maison de S. Chacun entoure de son bras les épaules de l'autre et leurs visages rayonnent manifestement d'amitié et de camaraderie. Cette image fait partie des rares souvenirs personnels qu'il a emportés Varick Street.

Cette photo qu'il examine maintenant (veille de Noël 1979) lui en rappelle une autre qu'il voyait jadis au mur de la chambre de S. : S. jeune, il peut avoir dix-huit ou dix-neuf ans, y pose avec un garçon de douze ou treize ans. La même évocation d'amitié, les mêmes sourires, les mêmes attitudes bras-autour-des-épaules. S. avait raconté à A. qu'il s'agissait du fils de Marina Tsvetaieva. Marina Tsvetaieva, qui, avec Mandelstam, était aux yeux de A. le plus grand poète russe. Regarder cette photo de 1974 c'est, pour A., imaginer la vie impossible de cette femme, cette vie à laquelle elle a mis fin en 1941, en se pendant. Elle avait habité en France pendant la plus grande partie des années écoulées entre la guerre civile et sa mort, dans le milieu des émigrés russes, la même communauté au sein de laquelle S. avait été élevé ; il l'avait connue et s'était lié d'amitié avec son fils, Mour ; Marina Tsvetaieva, qui avait écrit : "Passer sans laisser de trace / est peut-être la meilleure façon / de conquérir le temps et l'univers – / passer, et ne pas laisser une ombre / sur les murs..." ; qui avait écrit : "Je ne le voulais pas. Ou alors / pas cela. (En silence : écoute ! / Vouloir, c'est le propre des corps, / Dès lors l'un à l'autre – âmes nous / Voilà...)" ; qui avait écrit : "En ce monde-ci hyperchrétien / Les poètes sont des juifs."

A leur retour à New York, en 1974, A. et sa femme s'étaient installés dans un immeuble de Riverside Drive. Parmi leurs voisins se trouvait un vieux médecin russe, Gregory Altschuller ; il avait plus de quatre-vingts ans, travaillait encore comme chercheur dans un des hôpitaux de la ville et partageait avec son épouse la passion de la littérature. Son père avait été le médecin personnel de Tolstoï et une énorme photographie de l'écrivain barbu, dûment dédicacée, d'une écriture également énorme, à son ami et docteur, trônait sur une table dans l'appartement de Riverside Drive. Au cours de leurs conversations, A. avait appris une chose qui lui avait paru pour le moins extraordinaire. Dans un petit village de la région de Prague, en plein cœur de l'hiver 1925, Gregory Altschuller avait accouché Marina Tsvetaieva de son fils, ce même fils qui deviendrait le garçon sur la photo au mur de S.

Mieux encore : cet accouchement était le seul qu'il eût pratiqué au cours de sa carrière.

"Il faisait nuit, écrivait il y a peu le docteur Alt-schuller, c'était le dernier jour de janvier 1925… Il neigeait, une tempête terrible qui ensevelissait tout. Un jeune Tchèque est arrivé chez moi en courant, du village où Tsvetaieva habitait avec sa famille, bien que son mari ne fût pas auprès d'elle à ce moment-là. Sa fille était partie aussi, avec son père. Marina était seule.

"Le gamin est entré en trombe en m'annonçant : «Pani Tsvetaieva voudrait que vous veniez tout de suite, elle a commencé d'accoucher ! Il faut vous dépêcher, le bébé arrive.» Que pouvais-je répondre ? Je me suis habillé rapidement et suis parti à travers la forêt, dans la neige jusqu'aux genoux, sous une tempête déchaînée. J'ai ouvert la porte et je suis entré. A la faible lueur d'une ampoule solitaire, j'ai vu des piles de livres dans un coin de la pièce ; ils atteignaient presque le plafond. Des déchets accumulés depuis plusieurs jours avaient été poussés dans un autre coin. Et Marina était là, au lit, fumant cigarette sur cigarette, avec son bébé déjà bien engagé. M'accueillant d'un joyeux : «Vous êtes presque en retard !» Je cherchais partout quelque chose de propre, un peu de savon. Rien, pas un mouchoir frais, pas le moindre bout de quoi que ce soit. Elle fumait dans son lit, souriante, en disant : «Je vous avais prévenu que vous met-triez mon bébé au monde. Vous êtes là – c'est votre affaire maintenant, plus la mienne…»

"Tout s'est passé sans trop de mal. Mais le bébé est né avec le cordon ombilical si serré autour du cou qu'il pouvait à peine respirer. Il était bleu....

"J'ai fait des efforts désespérés pour le ranimer et il a enfin commencé à respirer ; de.bleu, il est devenu rose. Pendant ce temps Marina fumait en silence, sans un mot, les yeux fixés sur le bébé, sur moi...

"Je suis revenu le lendemain et ensuite j'ai vu le bébé tous les dimanches pendant plusieurs semaines. Dans une lettre datée du 10 mai 1925, Marina écrivait : «Pour tout ce qui concerne Mour, Alt-schuller donne ses directives avec fierté et ten-dresse. Avant ses repas, Mour prend une cuiller à café de jus de citron sans sucre. Il est nourri selon les principes du professeur Czerny, qui a sauvé la vie à des milliers de nouveau-nés en Allemagne pendant la guerre. Altschuller vient le voir chaque dimanche. Percussion, auscultation, une sorte de calcul arithmétique. Après quoi il écrit pour moi le régime de la semaine, ce qu'il faut donner à Mour, combien de beurre, combien de citron, combien de lait, comment augmenter progressivement les quan-tités. Sans prendre de notes, il se souvient à chacune de ses visites de ce qu'il a prescrit la fois précé-dente... J'ai parfois une envie folle de lui prendre la main pour l'embrasser...»

"L'enfant a grandi rapidement, c'est devenu un gosse plein de santé, sa mère et ses amis l'ado-raient. La dernière fois que je l'ai vu il n'avait pas un an. A cette époque Marina est partie en France, où elle a vécu pendant quatorze ans. Georges (le nom officiel de Mour) est allé à l'école et a étudié avec enthousiasme la littérature, la musique et les beaux-arts. En 1936 sa sœur Alia, qui avait à peine vingt ans, a quitté sa famille et la France pour retourner en Russie soviétique, à la suite de son père. Marina restait seule avec son petit garçon... dans des conditions matérielles et morales extrêmement dures. En 1939 elle a demandé un visa soviétique et a regagné Moscou avec son fils. Deux ans plus tard, en août 1941, sa vie atteignait son terme tragique...

"C'était encore la guerre. Le jeune Georges Efron était au front. «Adieu littérature, musique, études», écrivait-il à sa sœur. Il signait «Mour». Soldat, il s'est conduit avec courage, en combattant intrépide ; il a participé à de nombreuses batailles et est mort en juillet 1944, l'une des centaines de victimes tombées près de Druika, sur le front ouest. Il n'avait que vingt ans."

Le Livre de la mémoire. Livre quatre.

Plusieurs pages blanches. Poursuivre avec d'abondantes illustrations. De vieilles photos de famille, à chaque personne sa famille, en remontant aussi loin que possible dans les générations. Les regarder avec la plus grande attention.

Ensuite plusieurs séries de reproductions, à commencer par les portraits peints par Rembrandt de son fils Titus. Les y inclure tous : depuis l'image du petit garçon en 1650 (cheveux dorés, chapeau à plume rouge), et celle de l'enfant en 1655, "étudiant ses leçons" (pensif devant sa table, balançant un compas de la main gauche, le pouce droit appuyé contre son menton), jusqu'au Titus de 1658 (dix-sept ans, l'extraordinaire chapeau rouge et, comme l'a écrit un commentateur, "l'artiste a peint son fils avec le même regard pénétrant qu'il appliquait généralement à ses propres traits") et enfin la dernière toile qui subsiste, du début de 1660 : "Le visage semble être celui d'un vieil homme affaibli, rongé par la maladie. Bien entendu, notre regard est averti – nous savons que Titus allait précéder son père dans la mort..."

Poursuivre avec le tableau (d'auteur inconnu) représentant sir Walter Raleigh avec son fils Wat à huit ans, en 1602, qui se trouve à Londres, à la National Portrait Gallery. A noter : l'étrange similitude de leurs attitudes. Père et fils posent de face, la main gauche sur la hanche, le pied droit pointé vers l'extérieur à quarante-cinq degrés, le pied gauche vers l'avant, et l'expression de farouche détermination du fils imite le regard assuré et impérieux du père. Se souvenir que lorsque Raleigh a été relâché après treize ans d'incarcération dans la tour de Londres (1618) et s'est lancé, pour laver son honneur, dans la fatale expédition de Guyane, Wat était avec lui. Se souvenir que Wat a perdu la vie dans la jungle, à la tête d'une charge téméraire contre les Espagnols. Raleigh à son épouse : "Jusqu'ici j'ignorais ce que douleur veut dire." Et il est rentré en Angleterre, et a laissé le roi lui couper la tête.

Poursuivre avec d'autres photographies, plusieurs douzaines peut-être : le fils de Mallarmé, Anatole ; Anne Frank ("Sur cette photo-ci, on me voit telle que je voudrais être toujours. Alors j'aurais sûrement une chance à Hollywood. Mais ces temps-ci, hélas, je suis en général différente.") ; Mour ; les enfants du Cambodge ; les enfants d'Atlanta. Les enfants morts. Les enfants qui vont disparaître, ceux qui sont morts. Himmler : "J'ai pris la décision d'anéantir tous les enfants juifs de la surface du globe." Rien que des images. Parce que, à un certain point, on est amené par les mots à la conclusion qu'il n'est plus possible de parler. Parce que ces images sont l'indicible.

Il a passé la majeure partie de sa vie d'adulte à parcourir des villes, souvent étrangères. Il a passé la majeure partie de sa vie d'adulte, courbé sur un petit rectangle de bois, à se concentrer sur un rectangle de papier blanc plus petit encore. Il a passé la majeure partie de sa vie d'adulte à se lever, à s'asseoir et à marcher de long en large. Telles sont les limites du monde connu. Il écoute. S'il entend quelque chose, il se remet à écouter. Puis il attend. Il guette et attend. Et s'il commence à voir quelque chose, il guette et attend encore. Telles sont les limites du monde connu.

La chambre. Brève évocation de la chambre et/ou des dangers qui y sont tapis. Comme dans cette image : Hölderlin dans sa chambre.

Raviver le souvenir de ce voyage mystérieux : trois mois seul, à pied, à travers le Massif central, les doigts crispés, dans sa poche, autour d'un pistolet ; ce voyage de Bordeaux à Stuttgart (des centaines de kilomètres) qui a précédé les premiers vacillements de sa raison, en 1802.

"Mon cher, il y a longtemps que je ne t'ai écrit ; entre-temps j'ai été en France et j'ai vu la terre triste et solitaire, les bergers de la France méridionale et certaines beautés, hommes et femmes, qui ont grandi dans l'angoisse du doute patriotique et de la faim. L'élément puissant, le feu du ciel et le silence des hommes, leur vie dans la nature, modeste et contente, m'ont saisi constamment, et comme on le prétend des héros, je puis bien dire qu'Apollon m'a frappé."

Arrivé à Stuttgart, "d'une pâleur mortelle, très maigre, les yeux vides et farouches, les cheveux longs, barbu, habillé comme un mendiant", il s'est présenté devant son ami Matthison avec ce seul mot : "Hölderlin."

Six mois plus tard, sa bien-aimée Suzette était morte. 1806, schizophrénie, et après cela, pendant trente-six ans, une bonne moitié de sa vie, il a vécu seul dans la tour que lui avait bâtie Zimmer, le charpentier de Tübingen – *Zimmer*, ce qui, en allemand, veut dire *chambre*.

Les lignes de la vie sont divisées,
Comme le sont les monts à la lisière.
Ce que nous sommes, un dieu peut là-bas le parfaire
En harmonie, en salaire à jamais, pacifié.

Vers la fin de la vie d'Hölderlin, un de ses visiteurs a prononcé le nom de Suzette. "Ah, ma Diotima, a répondu le poète. Ne me parlez pas de ma Diotima. Elle m'a donné treize fils. L'un est pape, le Sultan en est un autre, le troisième c'est l'empereur de Russie." Et puis : "Savez-vous ce qui lui est arrivé ? Elle est devenue folle, oui, folle, folle, folle."

On dit que pendant ces années-là Hölderlin ne sortait que rarement. Et s'il quittait sa chambre, ce n'était que pour errer sans but dans la campagne, bourrant ses poches de cailloux et cueillant des fleurs qu'ensuite il réduirait en lambeaux. En ville, les étudiants se moquaient de lui et les enfants effrayés s'enfuyaient s'il faisait mine de les saluer. Vers la fin, il avait l'esprit si troublé qu'il s'était mis à se donner plusieurs noms différents – Scardinelli, Killalusimeno – et un jour qu'un visiteur tardait à s'en aller, il lui a montré la porte en disant, un doigt levé en signe d'avertissement : "Je suis le Seigneur Dieu."

Ces derniers temps, on s'est livré à des spéculations nouvelles au sujet du séjour d'Hölderlin dans cette chambre. Quelqu'un prétend que sa folie était feinte, que le poète s'était retiré du monde en réponse à la réaction politique paralysante qui avait submergé l'Allemagne à la suite de la Révolution française. En quelque sorte, dans sa tour, il vivait en clandestinité. Selon cette théorie, tous ses écrits de folie (1806-1843) ont en fait été composés dans un code secret, révolutionnaire. On a même exposé cette idée dans une pièce de théâtre. Dans la scène finale, le jeune Marx rend visite à Hölderlin dans sa tour. Il est suggéré par cette rencontre que Marx a trouvé auprès du vieux poète moribond l'inspiration de ses *Manuscrits économiques et philosophiques* de 1844. Si c'était le cas, Hölderlin aurait été non seulement le plus grand poète allemand du XIXe siècle, mais aussi une figure de premier ordre dans l'histoire de la pensée politique : le lien entre Hegel et Marx. Car le fait est prouvé qu'Hölderlin et Hegel étaient amis dans leur jeunesse. Ils étaient ensemble étudiants au séminaire de Tübingen.

Cependant, A. trouve fastidieuses de telles spéculations. La présence d'Hölderlin dans sa chambre ne lui pose pas problème. Il irait même jusqu'à soutenir qu'Hölderlin ne pouvait pas survivre ailleurs. Sans la générosité, la bonté de Zimmer, on peut imaginer que la vie du poète aurait connu une fin prématurée. La retraite dans un lieu clos ne signifie pas l'aveuglement. La folie ne signifie pas la mutité. En toute probabilité, c'est la chambre qui a ramené Hölderlin à la vie, qui lui a rendu ce qui pouvait lui rester de vie. Comme le dit saint

Jérôme en commentaire au Livre de Jonas, à propos du passage où il est question de Jonas dans le ventre de la baleine : "Il faut noter que là où on s'attendait à la mort, on trouve une sauvegarde."

"L'image de l'homme a des yeux, écrivait Hölderlin au cours de sa première année dans la tour, mais / La lune, elle, de la lumière. Le roi Œdipe a un / œil en trop, peut-être. Ces douleurs, et / d'un homme tel, ont l'air indescriptibles, / inexprimables, indicibles. Quand le drame / produit même douleur, du coup la voilà. Mais / de moi, maintenant, qu'advient-il, que je songe à toi ? / Comme des ruisseaux m'emporte la fin de quelque chose, là / et qui se déploie telle l'Asie. Cette douleur, / naturellement, Œdipe la connaît. Pour cela, oui, naturellement. / Hercule, a-t-il aussi souffert, lui ? / Certes… / Oui, / lutter, comme Hercule, avec Dieu, c'est là une douleur. Mais / être de ce qui ne meurt pas, et que la vie jalouse, / est aussi une douleur. / Douleur aussi, cependant, lorsque l'été / un homme est couvert de rousseurs – / être couvert des pieds à la tête de maintes taches ! Tel / est le travail du beau soleil ; car / il appelle toute chose à sa fin. / Jeunes, il éclaire la route aux vivants, / du charme de ses rayons, comme avec des roses. / Telles douleurs, elles paraissent, qu'Œdipe a supportées, / d'un homme, le pauvre, qui se plaint de quelque chose. / Fils de Laïos, pauvre étranger en Grèce ! / Vivre est une mort, et la mort elle aussi est une vie."

La chambre. Contreproposition à ce qui précède. Ou : des raisons de demeurer dans la chambre.

Le Livre de la mémoire. Livre cinq.

Deux mois après la mort de son père (en janvier 1979), le mariage de A. s'est défait. Il y avait quelque temps que des problèmes couvaient, et la séparation a finalement été décidée. Accepter cette rupture, en être malheureux mais l'admettre comme inévitable était une chose pour lui, mais c'en était une tout autre d'encaisser sa conséquence : la séparation d'avec son fils. Cette idée lui était intolérable.

Il a emménagé Varick Street au début du printemps. Pendant quelques mois, il a fait la navette entre sa chambre et la maison dans le comté de Dutchess où sa femme et lui avaient habité les trois dernières années. En semaine : la solitude en ville ; en week-end : les visites à la campagne, à cent miles, où il couchait dans ce qui était maintenant son ancien bureau, jouait avec son fils, qui n'avait pas encore deux ans, et lui faisait la lecture de ses livres préférés : *Partons en camion*, *Chapeaux à vendre* et *Ma mère l'Oye*.

Peu de temps après l'installation de A. Varick Street, le petit Etan Patz, âgé de six ans, a disparu dans les rues du même quartier. Où qu'il se tournât, A. retrouvait la photographie du gamin (sur des réverbères, dans les vitrines, sur des murs de brique), chapeautée des mots : ENFANT PERDU. Parce que ce visage ne différait pas radicalement de celui de son propre fils (et quand bien même, quelle importance ?), chaque fois qu'il apercevait cette image il pensait à celui-ci – en ces termes précis : enfant perdu. La mère d'Etan Patz l'avait envoyé un matin à l'arrêt du bus scolaire (c'était le premier jour après une longue grève des chauffeurs de bus, et le gosse avait été ravi de faire cette petite chose-là tout seul, ravi de cette petite manifestation d'indépendance), il était descendu de chez lui et on ne l'avait plus revu. Quoi qu'il lui fût arrivé, c'était arrivé sans laisser de trace. Il pouvait avoir été kidnappé, il pouvait avoir été assassiné, ou peut-être avoir simplement vagabondé et trouvé la mort en un lieu où personne ne le voyait. La seule certitude était qu'il avait disparu – comme rayé de la surface du globe. Les journaux faisaient grand cas de cette histoire (interviews des parents, interviews des détectives chargés de l'affaire, articles consacrés à la personnalité du petit garçon : les jeux auxquels il aimait à jouer, les aliments qu'il aimait manger), et A. s'est rendu compte qu'il était impossible d'échapper à la réalité de ce malheur – superposé à son propre malheur, dont il admettait la moindre gravité. Où qu'il tournât les yeux, il lui semblait n'apercevoir que le reflet de ce qui se passait au-dedans de lui. Les jours passaient, et chaque jour un petit peu plus de sa peine intime était exhibée. La sensation d'une perte l'avait envahi, et ne le quittait plus. Et par moments cette sensation était si forte, si suffocante, qu'il lui semblait qu'elle ne le quitterait jamais.

Quelques semaines plus tard, au début de l'été. Juin à New York, radieux : clarté de la lumière sur les briques ; ciels bleus, transparents, fondus en un azur qui aurait charmé même Mallarmé.

Le grand-père de A. – du côté maternel – se mourait lentement. Un an plus tôt, il avait encore accompli des tours de magie lors de la fête du premier anniversaire du fils de A., mais maintenant, à quatre-vingt-cinq ans, il était si faible qu'il ne pouvait plus se tenir debout sans aide, ne pouvait plus se déplacer sans un effort de volonté si intense que la seule idée de bouger suffisait à l'épuiser. La famille avait tenu conseil dans le cabinet du médecin, et pris la décision de l'envoyer au Doctor's Hospital, au carrefour d'East End Avenue avec la 88e rue. (Le même hôpital où sa femme était morte onze ans plus tôt de sclérose latérale amyotrophique – la maladie de Lou Gehrig.) A. assistait à cette réunion, de même que sa mère et la sœur de sa mère, les deux enfants de son grand-père. Comme elles ne pouvaient ni l'une ni l'autre demeurer à New York, il avait été convenu que A. se chargerait de tout. Sa mère devait rentrer chez elle en Californie pour s'occuper de son mari, qui était gravement malade, et sa tante était sur le point de partir à Paris pour rendre visite à sa première petite-fille, l'enfant nouveau-née de son fils. Tout semblait devenu question de vie ou de mort. A. s'était alors surpris à se rappeler (peut-être parce que son grand-père l'avait toujours fait penser à W. C. Fields) une scène d'un film de Fields de 1932, *Million Dollar Legs* : Jack Oakey court comme un fou pour rattraper une diligence en train de partir et supplie le conducteur d'arrêter. "C'est une question de vie ou de mort !" crie-t-il. Calme et cynique, le conducteur répond : "Qu'est-ce qui ne l'est pas ?"

Pendant cette réunion de famille, A. lisait la peur sur le visage de son grand-père. A un moment donné, le vieillard avait croisé son regard et désigné d'un geste, derrière le bureau du docteur, le mur couvert de certificats encadrés, de diplômes, de prix et de témoignages, l'air de dire : "Impressionnant, non ? Ce type-là me soignera bien." Le vieil homme s'était toujours laissé prendre à cette sorte d'apparat. "Je viens de recevoir une lettre du président de la Chase Manhattan Bank", annonçait-il, alors qu'il ne s'agissait que d'une circulaire. Mais ce jour-là, dans le cabinet du médecin, cela faisait mal à A. : ce refus du vieux de reconnaître à quoi il était confronté. "Je suis content de tout ceci, déclarait-il. Je sais que vous allez me remettre sur pied." Et pourtant, presque contre son gré, A. s'était aperçu qu'il admirait cette capacité d'aveuglement. Plus tard, ce jour-là, il avait aidé son grand-père à emballer le petit bagage qu'il emportait à l'hôpital. Le vieux avait fourré dans le sac deux ou trois de ses accessoires de magie. "Pourquoi t'encombrer de ces trucs-là ?" lui avait demandé A. "Pour distraire les infirmières, si jamais on s'ennuie", avait-il répondu.

A. avait décidé de s'installer chez son grand-père aussi longtemps que celui-ci serait hospitalisé. L'appartement ne pouvait pas rester inoccupé (il fallait que quelqu'un paie les factures, ramasse le courrier, arrose les plantes), et serait sans conteste plus confortable que la chambre Varick Street. Mais surtout, l'illusion du retour du vieillard devait être maintenue. Jusqu'à ce que la mort advînt, il existait toujours une possibilité qu'elle n'advînt pas, et cette chance, si mince soit-elle, méritait d'être prise en compte.

Il a habité là pendant six ou sept semaines. C'était un endroit qu'il connaissait depuis sa plus tendre enfance : ce grand immeuble trapu et biscornu, au sud de Central Park, à l'angle de Columbus Circle. Il se demandait combien d'heures il y avait passées, quand il était petit, à observer la circulation des voitures autour de la statue de Christophe Colomb. De ces mêmes fenêtres du sixième étage, il avait assisté aux défilés du *Thanksgiving Day*, suivi la construction du Colosseum et passé des après-midi entiers à compter les gens qui marchaient, en bas, dans les rues. Il se sentait à présent réinvesti par ce lieu, avec le guéridon chinois du téléphone, la ménagerie de verre de sa grand-mère, et le vieil humidificateur à cigares. Il était retourné tout droit vers son enfance.

A. continuait d'espérer une réconciliation avec sa femme. Quand elle a accepté de venir en ville avec leur fils et de séjourner dans cet appartement, il s'est figuré qu'un changement réel pouvait se

165

produire. Coupés des objets et des soucis de leur propre vie, il leur semblait retrouver une certaine harmonie dans cet environnement neutre. Mais ni l'un ni l'autre n'était alors prêt à admettre qu'il ne s'agissait pas d'une illusion, d'un effet du souvenir doublé d'un espoir sans fondement.

Chaque après-midi, A. prenait deux autobus pour se rendre à l'hôpital, passait une heure ou deux auprès de son grand-père et puis rentrait par le même chemin. Cette organisation a fonctionné pendant une dizaine de jours. Puis le temps a changé. Une chaleur torride s'est abattue sur New York et la ville est devenue un cauchemar de sueur, d'épuisement et de bruit. Tout cela n'était pas fameux pour le petit garçon (confiné dans un appartement au conditionnement d'air asthmatique, ou traînant dans les rues avec sa mère), et comme la situation ne s'arrangeait pas (un record d'humidité pendant plusieurs semaines), A. et sa femme ont décidé qu'elle repartirait à la campagne avec l'enfant.

Il est resté seul. Chaque jour répétait le précédent. Outre les conversations avec le docteur, les trajets entre l'appartement et l'hôpital, il fallait engager et congédier des infirmières privées, écouter les plaintes de son grand-père, retaper les oreillers sous sa tête. A. était pris d'un sentiment d'horreur chaque fois qu'il apercevait la chair du vieillard. Les membres émaciés, les testicules ratatinés, le corps amaigri qui ne devait même plus peser cinquante kilos. Lui qui avait été un homme corpulent, précédé où qu'il aille par une bedaine majestueuse et bien rembourrée, n'était plus qu'à peine présent. Si A. avait été confronté, au début de l'année, à un visage de la mort, une mort si soudaine que, livré à elle, il n'avait pu la reconnaître, il en découvrait à présent un autre aspect et c'était cette lenteur, ce fatal épuisement, cet abandon de la vie au cœur de la vie qui lui révélaient enfin ce qu'il savait depuis toujours.

Il recevait presque tous les jours un coup de téléphone de l'ancienne secrétaire de son grand-père. Elle avait travaillé pour celui-ci pendant plus de vingt ans et était devenue, après la mort de son épouse, la plus fidèle de ses amies, la femme respectable avec laquelle il se montrait en public dans les occasions officielles : réunions de famille, mariages, enterrements. A chacun de ses appels, elle se livrait à une enquête complète sur l'état du vieil homme et priait A. de lui organiser une visite à l'hôpital. Le problème était sa propre santé. Elle n'était pas très âgée (une bonne soixantaine, au plus), mais elle était atteinte de la maladie de Parkinson et vivait depuis un certain temps dans une clinique du Bronx. A la suite de nombreuses conversations (et sa voix, au téléphone, était si faible qu'il fallait à A. toute sa capacité de concentration pour entendre à peine la moitié de ce qu'elle disait), il a fini par convenir de la retrouver devant le Metropolitan Museum, où un bus spécial de la clinique déposait une fois par semaine, pour un après-midi dans Manhattan, les pensionnaires capables de se déplacer. Ce jour-là, pour la première fois depuis près d'un mois, il pleuvait. Arrivé en avance au rendez-vous, A., planté sur les marches du musée et la tête protégée par un journal, a passé plus d'une heure à la guetter. S'étant enfin résolu à abandonner, il a fait un dernier tour du quartier. C'est alors qu'il l'a trouvée : une ou deux rues plus loin dans la 5e avenue, debout, comme pour s'y abriter de la pluie, sous un arbrisseau pathétique, un bonnet de plastique transparent sur la tête, elle s'appuyait sur sa canne, le corps penché en avant, raide de la tête aux pieds, n'osant faire un pas et regardant fixement le trottoir mouillé. Cette voix éteinte, encore, A. collait quasiment l'oreille à sa bouche pour l'entendre – et glaner ainsi quelque pauvre remarque insipide : le chauffeur du bus avait oublié de se raser, on n'avait pas livré les journaux. Il avait toujours trouvé cette femme ennuyeuse et, même quand elle était encore en bonne santé, détesté devoir passer plus de cinq minutes en sa compagnie. Il ressentait maintenant presque de la colère à son égard, il lui en voulait pour cette façon qu'elle avait de paraître attendre sa pitié. Il lui adressait mentalement des reproches cinglants pour son abject égocentrisme.

Trouver un taxi a pris plus de vingt minutes. Et alors, épreuve interminable, il a fallu l'aider à marcher jusqu'au bord du trottoir et à monter dans la voiture. Elle traînait les pieds sur le pavé : quelques centimètres, une pause ; encore quelques centimètres, encore une pause ; et puis encore, et puis encore. Il la tenait par le bras et l'encourageait de son mieux. Quand ils sont arrivés à l'hôpital et qu'il a réussi à l'extraire du siège arrière, ils ont entrepris leur lente progression vers l'entrée. Juste devant la porte, à l'instant même où A. se disait qu'ils allaient y parvenir, elle s'est figée. Elle était soudain terrassée par la peur de ne pouvoir bouger et, de ce fait, ne le pouvait plus. Quoi que lui dise A. et malgré la douceur avec laquelle il s'efforçait de la persuader d'avancer, elle restait pétrifiée. Des gens entraient et sortaient – médecins, infirmières, visiteurs – et ils restaient bloqués là, A. et la femme impotente, au milieu de ce trafic humain. Lui conseillant d'attendre sur place (comme si elle avait pu faire autrement), A. est entré dans le vestibule, où il a trouvé un fauteuil roulant dont il s'est emparé sous l'œil suspicieux d'une employée de l'administration. Après y avoir installé sa malheureuse compagne, il l'a poussée en hâte à travers le vestibule jusqu'aux ascenseurs sans prendre garde aux cris de l'employée : "Est-ce que c'est une patiente ? Est-ce que cette dame est une patiente ? Les fauteuils roulants sont réservés aux patients."

Quand il l'a fait entrer dans la chambre de son grand-père, celui-ci était assoupi, entre sommeil et veille, abandonné à une torpeur aux limites de la conscience. Au bruit de leur arrivée, il s'est ranimé, s'est rendu compte de leur présence puis, comprenant enfin ce qui se passait, a souri pour la première fois depuis des semaines. Ses yeux soudain se sont remplis de larmes. Saisissant la main de sa vieille amie, il a déclaré à A., comme s'il s'adressait au monde entier (mais faiblement, si faiblement) : "Shirley est ma chérie. Shirley est celle que j'aime."

Vers la fin de juillet, A. a décidé de quitter la ville pendant un week-end. Il avait envie de voir son fils, et besoin d'échapper un peu à la chaleur et à l'hôpital. Confiant l'enfant à ses parents, sa femme était venue à New York. Ce qu'ils ont pu y faire ce jour-là, il n'en a aucun souvenir, mais en fin d'après-midi ils étaient arrivés dans le Connecticut, à la plage où le petit garçon avait passé la journée avec ses grands-parents. A. avait trouvé son fils assis sur une balançoire et ses premiers mots (sa grand-mère lui avait fait la leçon pendant tout l'après-midi) avaient été d'une lucidité surprenante : "Je suis très content de te voir, papa."

Cependant, A. lui trouvait une voix bizarre. Il paraissait essoufflé, prononçait chaque mot en un staccato de syllabes distinctes. Il ne faisait aucun doute pour A. que quelque chose n'allait pas. Il a exigé que tous quittent aussitôt la plage pour rentrer à la maison. Bien que l'enfant fût de bonne humeur, il continuait à s'exprimer de cette voix étrange, presque mécanique, comme s'il était la poupée d'un ventriloque. Il respirait de façon précipitée, le torse haletant, inspirations, expirations, tel un petit oiseau. Dans l'heure, A. et sa femme consultaient la liste des pédiatres, s'efforçant d'en trouver un chez lui (c'était l'heure du dîner, un vendredi soir). A leur cinquième ou sixième tentative, ils sont tombés sur une jeune doctoresse qui venait de s'installer dans la ville. Par chance, elle était encore à son cabinet et les a invités à y venir sur-le-champ. Que ce soit parce qu'elle était nouvelle dans sa profession, ou de tempérament nerveux, son examen du petit garçon a plongé A. et sa femme dans la panique. Elle avait assis l'enfant sur une table et lui auscultait le buste, comptait ses respirations par minute, observait ses narines dilatées, la coloration légèrement bleutée de son visage. Puis, allant et venant à travers son bureau dans une grande agitation, elle a entrepris de monter un appareil respiratoire compliqué : une machine à vapeur pourvue d'un capuchon, rappelant une caméra du siècle dernier. Mais le gamin ne voulait pas garder la tête sous ce capuchon et le sifflement de la vapeur froide l'effrayait. Elle a essayé une injection d'adrénaline. "Voyons ce que donne celle-ci, expliquait-elle, si ça ne marche pas je lui en ferai une autre." Après avoir attendu quelques minutes, elle a recommencé à contrôler le rythme respiratoire, puis a pratiqué une seconde piqûre. Toujours sans effet. "Bon. Eh bien, il faut l'emmener à l'hôpital." Elle a donné le coup de téléphone nécessaire puis, avec une furieuse énergie qui semblait rassembler toute sa petite personne, elle a expliqué à A. et à sa femme comment la suivre jusqu'à l'hôpital, où aller, que faire, après quoi elle est sortie avec eux et ils sont partis dans leurs voitures respectives. Son diagnostic – une pneumonie avec complications asthmatiques – devait être confirmé à l'hôpital après une radio et des examens plus approfondis.

Installé dans une chambre spéciale du service de pédiatrie, l'enfant avait été piqué et bousculé par des infirmières, maintenu hurlant pendant qu'on lui versait une potion dans le gosier, raccordé à un tube de perfusion et couché dans un berceau recouvert d'une tente en plastique transparent – dans laquelle une valve placée sur le mur diffusait une brume d'oxygène froid. Il est resté sous cette tente pendant trois jours et trois nuits. Ses parents, autorisés à rester près de lui en permanence, se relayaient auprès du petit lit, la tête et les bras sous la tente, pour lui faire la lecture, lui raconter des histoires et jouer avec lui ; tandis qu'ils attendaient, tour à tour, dans un salon réservé aux adultes, ils observaient les visages des autres parents dont les enfants étaient hospitalisés : aucun de ces étrangers n'osait engager la conversation, ils pensaient tous à une seule chose, et en parler n'aurait fait qu'aggraver leur angoisse.

C'était épuisant pour A. et sa femme car le produit qui coulait goutte à goutte dans les veines de leur fils était, pour l'essentiel, de l'adrénaline, ce qui lui donnait une énergie débordante – bien supérieure à l'énergie normale d'un enfant de deux ans – et ils passaient la plus grande partie de leur temps à essayer de le calmer et à l'empêcher de sortir de dessous la tente. Pour A., ceci comptait peu. La maladie du petit garçon et la certitude que s'ils ne l'avaient pas mené à temps chez le médecin il aurait pu en mourir (et l'horreur qui le submergeait quand il pensait : et s'ils avaient décidé, sa femme et lui, de passer la nuit en ville en laissant l'enfant à la garde de ses grands-parents – que l'âge rendait moins attentifs aux détails et qui, en fait, à la plage, ne s'étaient pas aperçus que l'enfant respirait de façon étrange et s'étaient d'abord moqués de A. lorsqu'il en avait fait la remarque), tout cela rendait insignifiant l'effort à fournir pour calmer l'enfant. Le seul fait d'avoir envisagé la possibilité de la mort de son fils, d'avoir rencontré de plein fouet, dans le cabinet du docteur, l'idée de cette mort, suffisait pour qu'il considère sa guérison comme une sorte de résurrection, un miracle dans la distribution des cartes du hasard.

Sa femme, elle, tenait moins bien le coup. A un moment, elle est venue retrouver A. dans le petit salon en disant : "Je renonce, je n'arrive plus à le maintenir" – et il y avait dans sa voix tant de ressentiment envers l'enfant, une telle rage d'exaspération, que quelque chose en A. s'est brisé. Stupidement, cruellement, il aurait voulu punir sa femme de tant d'égoïsme et en ce seul instant l'harmonie nouvelle qui s'était instaurée entre eux durant ce dernier mois s'est effacée : pour la première fois de toutes leurs années communes, il s'est senti son adversaire. Sortant en trombe de la pièce, il est retourné au chevet de son fils.

Le néant moderne. Intermède sur la force des vies parallèles.

A Paris, cet automne, il a assisté à un petit dîner organisé par un de ses amis, J., écrivain français renommé. Au nombre des invités se trouvait une Américaine, une lettrée, spécialiste de la poésie française contemporaine, qui lui a parlé d'un livre dont elle était en train de préparer l'édition : des œuvres choisies de Mallarmé. Elle voulait savoir si A. avait jamais traduit cet auteur.

Effectivement, cela lui était arrivé. Plus de cinq ans auparavant, peu de temps après son installation à Riverside Drive, il avait traduit certains des fragments écrits par Mallarmé en 1879 au chevet de son fils mourant. Il s'agit de courtes pièces d'une extrême obscurité : notes pour un poème qui n'a jamais vu le jour. On ne les a même pas découvertes avant la fin des années cinquante. En 1974, A. avait effectué une traduction sommaire de trente ou quarante d'entre elles, puis mis le manuscrit de côté. Dès son retour de Paris, dans sa chambre Varick Street (en décembre 1979, cent ans exactement après que Mallarmé eut composé ces pages funèbres à son fils), il a exhumé le dossier contenant ces ébauches de traduction et entrepris d'en mettre au point la version définitive. Celle-ci a été publiée par la suite dans la *Paris Review*, accompagnée d'une photographie d'Anatole Mallarmé en costume marin. Extrait de son avant-propos : "Le 6 octobre 1879, le fils unique de Mallarmé, Anatole, est mort à l'âge de huit ans après une longue maladie. Le mal, un rhumatisme propre à l'enfance, s'était étendu progressivement d'un membre à l'autre jusqu'à gagner le corps entier. Plusieurs mois durant, Mallarmé et sa femme étaient restés impuissants au chevet de leur fils tandis que les médecins essayaient toutes sortes de remèdes et lui administraient sans succès divers traitements. On transportait l'enfant de la ville à la campagne, pour le ramener en ville. Le 22 août, Mallarmé écrivait à son ami Henry Roujon : «... Dans ce combat entre la vie et la mort, que soutient notre pauvre petit adoré... l'horrible, c'est le malheur en soi que ce petit être ne soit plus, si pareil sort est le sien ! J'avoue là que je faiblis et ne puis affronter cette idée.»"

A. se rendait compte que c'était cette idée même qui l'avait incité à retourner à ces textes. Les traduire ne constituait pas un exercice littéraire. Cela représentait pour lui un moyen de revivre sa propre panique dans le cabinet du médecin cet été-là : c'est trop pour moi, je ne puis affronter cette idée. Car ce n'est qu'à ce moment, il s'en était rendu compte ensuite, qu'il avait enfin pris conscience de toute l'étendue de sa paternité : la vie de l'enfant comptait plus pour lui que la sienne ; s'il fallait mourir pour sauver son fils, il mourrait volontiers. Et ce n'est donc qu'en cet instant de peur qu'il était devenu, une fois pour toutes, le père de son fils. Il était peut-être insignifiant de traduire ces quelque quarante fragments de Mallarmé, mais cela revenait dans son esprit à l'équivalent d'une prière d'action de grâces pour la vie de son fils. Prière à quoi ? A rien peut être. A son sens de la vie. Au *néant moderne**.

Bref commentaire sur le mot "rayonnement".

La première fois qu'il a entendu ce mot à propos de son fils, c'est un soir où il avait montré une photo de celui-ci à son vieil ami R., un poète américain qui vivait depuis huit ans à Amsterdam. Ils prenaient un verre dans un bar, serrés de près par la foule et une musique bruyante. Sortant la photo de son portefeuille, A. l'avait tendue à R. qui l'avait longuement regardée. Puis, se tournant vers A., un peu ivre, il avait déclaré sur un ton de grande émotion : "Il a le même rayonnement que Titus."

Un an plus tard environ, peu après la publication de sa traduction de *Pour un tombeau d'Anatole* dans la *Paris Review*, A. s'est rendu chez R. Celui-ci (qui s'était pris d'une grande affection pour le fils de A.) lui a raconté : "Il m'est arrivé aujourd'hui une chose extraordinaire. J'étais dans une librairie, je feuilletais des magazines, et je suis tombé dans la *Paris Review* sur un portrait du fils de Mallarmé. J'ai cru un instant qu'il s'agissait du tien. La ressemblance est frappante."

"Mais c'est ma traduction, s'est exclamé A. C'est moi qui ai demandé qu'on y mette cette photo. Tu ne savais pas ?"

* Voir p. 273.

Et R., alors : "Je n'ai pas été plus loin. J'étais si ému par cette image que je n'ai pu que refermer la revue. Je l'ai remise à sa place et je suis sorti."

Son grand-père a vécu deux ou trois semaines encore. Son fils hors de danger, son mariage dans une impasse définitive, A. s'est réinstallé à Columbus Circle. Ces journées doivent être les pires qu'il ait connues. Il était incapable de travailler, incapable de penser. Il se négligeait, se nourrissait mal (repas surgelés, pizzas, nouilles chinoises à emporter), et abandonnait l'appartement à son sort : linge sale entassé dans un coin de la chambre à coucher, vaisselle empilée sur l'évier de la cuisine. Couché sur le canapé, il regardait de vieux films à la télévision et lisait de mauvais polars en fumant cigarette sur cigarette. Il n'essayait de joindre aucun de ses amis. La seule personne qu'il ait appelée – une fille qu'il avait rencontrée à Paris quand il avait dix-huit ans – était partie habiter dans le Colorado.

Un soir, sans raison particulière, étant sorti se promener dans le quartier, ce quartier sans vie des *West Fifties*, il est entré dans un "topless bar". Installé à une table avec un verre de bière, il s'est soudain retrouvé assis à côté d'une jeune femme à la nudité voluptueuse. Elle s'est serrée contre lui et mise à lui détailler avec lascivité tout ce qu'elle lui ferait s'il la payait pour aller "derrière". Ses façons avaient quelque chose de si ouvertement

drôle et réaliste qu'il a finalement accepté sa proposition. Ils sont convenus que le mieux serait,
puisqu'elle revendiquait un talent extraordinaire
pour cette activité, qu'elle lui suce le pénis. Et
elle s'y est appliquée, en vérité, avec un enthousiasme tout à fait étonnant. Au moment où il
jouissait dans sa bouche, quelques instants plus
tard, avec un flot de semence dans un grand frisson, il a eu, à cette seconde précise, une vision
qui depuis continue à l'habiter : chaque éjacula-
tion représente plusieurs milliards de sperma-
tozoïdes – soit à peu près le chiffre de la population
du globe –, ce qui signifie que chaque homme
contient en lui-même cette population en puissance. Et cela donnerait, si cela se réalisait, toute
la gamme des possibilités : une progéniture d'idiots
et de génies, d'êtres beaux ou difformes, de saints,
de catatoniques, de voleurs, d'agents de change et
de funambules. Tout homme est donc un univers,
porteur dans ses gènes de la mémoire de l'humanité entière. Ou, selon l'expression de Leibniz :
"Chaque substance simple est un miroir vivant
perpétuel de l'univers." Car en vérité nous sommes
faits de la matière même qui a été créée lors de la
première explosion de la première étincelle dans
le vide infini de l'espace. C'est ce qu'il se disait,
à cet instant, tandis que son pénis explosait dans
la bouche d'une femme nue dont il a oublié le nom.
Il pensait : L'irréductible monade. Et alors, comme
s'il saisissait enfin, il a imaginé la cellule micro-
scopique, furtive, qui s'était frayé un chemin dans

le corps de sa femme, quelque trois ans plus tôt pour devenir son fils.

A part cela, rien. Il languissait, accablé par la chaleur de l'été. Pelotonné sur le canapé, tel un Oblomov contemporain, il ne bougeait qu'en cas de nécessité.

Il y avait la télévision par câble chez son grand-père et il disposait d'une quantité de chaînes dont il n'avait jamais soupçonné l'existence. Chaque fois qu'il allumait l'appareil, il était certain de trouver sur l'une ou l'autre un match de base-ball en cours. Il pouvait suivre non seulement les *Yankees* et les *Mets* de New York, mais aussi les *Red Sox* de Boston, les *Phillies* de Philadelphie et les *Braves* d'Atlanta. Sans parler de petits extra occasionnels dans l'après-midi : les rencontres entre les grandes équipes japonaises, par exemple (il était fasciné par les roulements de tambour continuels tout au long de ces parties) ou, plus étranges encore, les championnats juniors de Long Island. S'absorber dans ces jeux, c'était sentir son esprit tendre vers un espace de pure forme. En dépit de l'agitation qui régnait sur le terrain, le base-ball lui apparaissait comme une image de ce qui ne bouge pas, comme un lieu par conséquent où sa conscience pouvait trouver le repos et la sécurité, à l'abri des caprices de l'existence.

Il s'y était adonné pendant toute son enfance. Des premiers jours boueux du début de mars aux derniers après-midi glacés de la fin d'octobre. Il jouait bien, avec une ferveur quasi obsessionnelle. Il y trouvait non seulement le sentiment de ses propres possibilités, la conviction que les autres pouvaient avoir de la considération pour lui, mais aussi l'occasion d'échapper à la solitude de sa petite enfance. C'était à la fois, pour lui, une initiation au monde des autres et un domaine intérieur qu'il pouvait se réserver. Le base-ball offrait à sa rêverie un terrain riche en potentialités. Il fantasmait sans cesse, s'imaginait aux *Polo Grounds*, dans la tenue des *Giants* de New York, en train de rejoindre au petit trot sa place en troisième base tandis que la foule saluait d'acclamations délirantes la proclamation de son nom par les haut-parleurs. Jour après jour, au retour de l'école, il lançait une balle de tennis contre les marches du seuil de sa maison comme si chacun de ses gestes avait fait partie du match de championnat qui se déroulait dans sa tête. Il en arrivait invariablement à la même situation : en fin de partie, les *Giants* avaient toujours un point de retard, c'était toujours lui le batteur et il réussissait chaque fois le coup qui emportait la victoire.

Au cours de ces longues journées d'été passées dans l'appartement de son grand-père, il a commencé à comprendre que l'emprise exercée sur lui par le base-ball était l'emprise de la mémoire. La mémoire aux deux sens du terme : catalyseur de ses propres souvenirs, et structure artificielle d'ordonnance pour le passé historique. 1960, par exemple, était l'année de l'élection de Kennedy à la présidence ; c'était aussi celle de la *Bar Mitzvah* de A., l'année où il était supposé devenir un homme. Mais la première image qui lui vient à l'esprit quand on mentionne 1960 est le circuit de Bill Maze-roski, grâce auquel les *Yankees* avaient été battus aux championnats mondiaux. Il voit encore la balle s'envoler par-dessus la barrière de *Forbes Fields* – cette barrière haute et sombre, couverte d'une pagaille de numéros peints en blanc – et l'évocation de ce qu'il a ressenti à ce moment, en cet instant de plaisir brusque et étourdissant, lui permet de se retrouver dans un univers qui, sans cela, serait perdu pour lui.

Il lit dans un livre : Depuis qu'en 1893 (l'année de la naissance de son grand-père) on a reculé de dix pieds la butte du lanceur, la forme du terrain n'a pas changé. Le "diamant" est inscrit dans notre conscience. Sa géométrie primitive – lignes blanches, herbe verte, terre brune – est une image aussi familière que la bannière étoilée. A l'inverse de presque tout le reste en Amérique au cours de ce siècle, le base-ball est demeuré pareil à lui-même. A part quelques modifications mineures (gazon artificiel, désignation des batteurs), le jeu tel qu'on le pratique aujourd'hui est d'une similitude frappante avec celui que jouaient Wee Willie Keeler et les anciens *Orioles* de Baltimore : ces jeunes gens des photographies, morts depuis longtemps, avec leurs moustaches en crocs et leurs poses héroïques.

Ce qui se passe aujourd'hui n'est qu'une variation sur ce qui s'est passé hier. L'écho d'hier résonne aujourd'hui, et demain laisse présager des événements de l'an prochain. Le passé du base-ball professionnel est intact. Chaque rencontre est enregistrée, il y a des statistiques pour chaque coup, chaque erreur, chaque base atteinte. On peut comparer les performances, les joueurs et les équipes, parler des disparus comme s'ils vivaient encore. Tout enfant qui pratique ce sport s'imagine aussi en train d'y jouer en tant qu'adulte, et la puissance de ce fantasme s'exerce même dans la plus fortuite des parties improvisées. Combien d'heures, se demande A., a-t-il passées quand il était petit à tenter d'imiter la position de Stan Musial à la batte (pieds joints, genoux pliés, dos arrondi) ou le style de Willie Mays pour attraper la balle au vol ? A leur tour, ceux qui, une fois adultes, sont devenus professionnels ont conscience de réaliser leurs rêves d'enfants – d'être bel et bien payés pour rester enfants. Et il ne faudrait pas minimiser la profondeur de ces rêveries. A. se souvient que, dans son enfance juive, il confondait les derniers mots de la célébration de la Pâque, "L'année prochaine à Jérusalem", avec le refrain résolument optimiste des supporters déçus, "On se retrouve l'année prochaine", comme si l'un était le commentaire de l'autre, comme si gagner le tournoi avait signifié l'accès à la Terre promise. Dans son esprit, le base-ball s'était en quelque sorte enchevêtré à l'expérience religieuse.

C'est alors, quand A. commençait à s'enfoncer ainsi dans les sables mouvants du base-ball, que Thurman Munson, un jeune joueur new-yorkais, s'est tué. A. s'en est fait la remarque, Munson était le premier capitaine *Yankee* depuis Lou Gehrig ; et il a noté que sa grand-mère était morte de la même maladie que Lou Gehrig, et que la mort de son grand-père suivrait de près celle de Munson.

Les journaux étaient pleins d'articles sur ce dernier. Depuis toujours, A. admirait le jeu de Munson sur le terrain : sa batte rapide et efficace, son allure lorsqu'il courait, trapu et obstiné, d'une base à l'autre, la rage dont il semblait possédé. C'est avec émotion que A. découvrait maintenant son action en faveur des enfants et les difficultés auxquelles l'avait confronté le caractère hyperactif de son fils. Tout paraissait se répéter. La réalité ressemblait à l'un de ces coffrets chinois : une infinité de boîtes contenant d'autres boîtes. Ici encore, de la façon la plus inattendue, le même thème resurgissait : l'absence du père, cette malédiction. Apparemment, Munson était seul capable d'apaiser le petit garçon. Du moment qu'il était là, les crises de l'enfant cessaient, ses délires se calmaient. Munson avait décidé d'apprendre à piloter afin de pouvoir rentrer chez lui plus souvent pendant la saison pour s'occuper de son fils, et c'est en pilotant qu'il s'était tué.

Les souvenirs de base-ball de A. étaient inévitablement liés à la mémoire de son grand-père. C'est lui qui l'avait emmené à son premier match, qui avait évoqué pour lui les joueurs d'autrefois, qui lui avait révélé que ce sport est affaire de parole autant que spectacle. Lorsqu'il était enfant, il arrivait souvent à A. d'être déposé au bureau de la 57e rue ; il s'y amusait avec les machines à écrire et à calculer jusqu'à ce que son grand-père fût prêt à partir, puis ils s'en allaient ensemble faire une petite balade paisible dans Broadway. Le rituel comprenait toujours quelques parties de "Pokerino" dans une des galeries de jeux, un déjeuner rapide, et puis le métro – à destination d'un des terrains de sport de la ville. A présent que son grand-père était en train de s'enfoncer dans la mort, ils parlaient toujours base-ball. C'était le seul sujet qu'ils pouvaient encore aborder en égaux. A chacune de ses visites à l'hôpital, A. achetait le *New York Post* et puis, assis près du lit, lisait au vieil homme la relation des matchs de la veille. C'était son dernier contact avec le monde extérieur, contact sans douleur, série de messages codés qu'il pouvait comprendre les yeux fermés. N'importe quoi d'autre eût été de trop.

Tout à fait vers la fin, d'une voix à peine perceptible, son grand-père lui a raconté qu'il s'était mis à se rappeler sa vie. Ramenant du tréfonds de sa mémoire l'époque de son enfance à Toronto, il revivait des événements qui s'étaient passés quelque quatre-vingts ans plus tôt : quand il avait pris la défense de son jeune frère contre une bande de gamins brutaux, quand il livrait le pain, le vendredi après-midi, aux familles juives du voisinage, tous ces petits détails oubliés depuis longtemps lui revenaient, maintenant qu'il était immobilisé dans son lit, parés de l'importance d'illuminations spirituelles. "A force de rester couché, j'arrive à me souvenir", disait-il, comme s'il s'était découvert là une faculté nouvelle. A. sentait à quel point il y prenait plaisir. Un plaisir qui peu à peu dominait la peur lisible sur son visage depuis quelques semaines. Seule la mémoire le maintenait en vie, comme s'il avait voulu garder la mort à distance aussi longtemps que possible afin de pouvoir encore se souvenir.

Il savait, et pourtant ne voulait pas admettre qu'il savait. Jusqu'à l'ultime semaine, il a continué d'évoquer son retour chez lui, et pas une fois le mot "mort" n'a été prononcé. Même le dernier jour, il a attendu la fin de sa visite pour dire au revoir à A. Celui-ci s'en allait, il passait la porte quand son grand-père l'a rappelé. A. est revenu près du lit. Le vieillard lui a pris la main et l'a serrée aussi fort qu'il pouvait. Ensuite : un long, long moment. Puis A. s'est penché pour embrasser son visage. Aucun des deux n'a soufflé mot.

Toujours à échafauder des projets, à combiner des marchés, saisi d'optimismes bizarres et grandioses : tel il demeure dans le souvenir de A. Qui d'autre, après tout, aurait pu sans rire appeler sa fille Queenie ? Mais il avait déclaré à sa naissance : "Ce

sera une reine", et il n'avait pu résister à la tentation. Il adorait le bluff, les gestes symboliques, le
rôle de boute-en-train. Des tas de blagues, des tas
de copains, un sens impeccable de l'à-propos. Il
jouait en douce, trompait sa femme (plus il vieil-
lissait, plus les filles étaient jeunes), et tous ces
appétits l'ont animé jusqu'à la fin. Une serviette
ne pouvait pas être simplement une serviette, mais
toujours une "moelleuse serviette éponge". Un
drogué : un "toxicomane". Il n'aurait jamais dit :
"J'ai vu..." mais : "J'ai eu l'occasion d'observer..."
Il parvenait ainsi à enfler la réalité, à rendre son
univers plus attrayant, plus exotique. Il jouait les
grands personnages en se délectant des retombées
de sa pose : les maîtres d'hôtel qui l'appelaient
monsieur B., le sourire des livreurs devant ses
pourboires disproportionnés, les coups de chapeau
du monde entier. Arrivé du Canada à New York
juste après la Première Guerre mondiale, jeune
juif pauvre cherchant fortune, il avait fini par réussir. New York était sa passion et, dans les dernières
années de sa vie, il refusait d'en partir, répondant à
sa fille, qui lui proposait de s'installer au soleil de
Californie, ces mots devenus un refrain fameux :
"Je ne peux pas quitter New York. C'est ici que
tout se passe."

A. se souvient d'un jour, quand il avait quatre
ans. Pendant une visite des grands-parents, son
grand-père lui avait montré un petit tour de magie,
quelque chose qu'il avait trouvé dans une boutique
de farces et attrapes. Comme il ne récidivait pas la

fois suivante, A., déçu, avait fait une scène. A partir de ce moment, il y avait eu, à chaque occasion, un nouveau tour : des pièces de monnaie disparaissaient, des foulards de soie surgissaient de nulle part, une machine métamorphosait en billets de banque des bandes de papier blanc, une grosse balle de caoutchouc se transformait, quand on la serrait dans sa main, en cinq petites balles, une cigarette pouvait être écrasée dans un mouchoir sans trace de brûlure, un pot de lait se renverser sans couler dans un cornet de papier journal. Ce qui au début n'avait représenté qu'un moyen d'étonner et d'amuser son petit-fils a pris pour lui la dimension d'une véritable vocation. Il est devenu un illusionniste amateur accompli, un prestidigitateur habile, particulièrement fier de sa carte de membre de l'Association des magiciens. A chacun des anniversaires de A., il apparaissait avec ses mystères, et il a continué à se produire jusqu'à la dernière année de sa vie ; il faisait la tournée des clubs du troisième âge new-yorkais, flanqué d'une de ses amies (une personne extravagante, avec une énorme tignasse rouge) qui chantait, en s'accompagnant à l'accordéon, une chanson dans laquelle il était présenté comme le Grand Zavello. C'était tout naturel. Son existence entière était fondée sur la mystification, il avait conclu tant de marchés, en affaires, grâce à sa faculté de persuader les gens de le croire (d'admettre la présence de quelque chose qui n'existait pas, ou vice versa) que ce n'était rien pour lui de monter en scène pour les mystifier encore, en cérémonie cette fois. Il avait le don d'obliger les gens à faire attention à lui, et le plaisir qu'il éprouvait à se trouver au centre de leur intérêt était évident aux yeux de tous. Nul n'est moins cynique qu'un magicien. Il sait, et chacun sait, que tout ce qu'il fait est illusion. L'astuce n'est pas vraiment de tromper les gens, mais de les enchanter à un degré tel qu'ils souhaitent être trompés : de sorte que, pendant quelques minutes, la relation de cause à effet est dénouée, les lois de la nature contredites. Comme le dit Pascal dans les *Pensées* : "Il n'est pas possible de croire raisonnablement contre les miracles."

Mais le grand-père de A. ne se contentait pas de la magie. Il était aussi grand amateur de plaisanteries – d'"histoires", disait-il – , qu'il avait toujours sur lui, notées dans un petit carnet au fond d'une poche de son veston. A chaque réunion de famille venait un moment où il se retirait dans un coin, sortait son carnet, le parcourait rapidement, le remettait dans sa poche et s'installait dans un fauteuil pour se lancer dans une bonne heure de délire verbal. Encore un souvenir de rire. Pas comme celui de S., qui éclatait du fond du ventre, mais un rire qui fusait des poumons, une longue courbe sonore qui commençait comme un soupir, s'épanouissait en mélopée puis se dispersait progressivement en un sifflement chromatique de plus en plus faible. C'est une image de lui que A. voudrait aussi garder en mémoire : assis dans son fauteuil, suscitant l'hilarité générale.

Pourtant son coup le plus fumant n'était ni un tour de magie ni une blague, mais une sorte de "vaudou" extra-sensoriel qui a intrigué la famille pendant des années. Il appelait ce jeu "le Sorcier". Prenant un paquet de cartes, il demandait à quelqu'un d'en choisir une, n'importe laquelle, et de la faire voir à tout le monde. Le cinq de cœur. Il allait alors au téléphone, formait un numéro et demandait à parler au Sorcier. C'est exact, confirmait-il, je désire parler au Sorcier. Un moment après, il passait l'appareil à la ronde et on entendait une voix dans le combiné, une voix d'homme qui répétait inlassablement : Cinq de cœur, cinq de cœur, cinq de cœur. Il remerciait alors, raccrochait, et se retournait vers l'assistance avec un large sourire.

Quand, des années plus tard, l'explication en a enfin été donnée à A., elle était bien simple. Son grand-père et un ami étaient convenus de jouer l'un pour l'autre le rôle du Sorcier. La question "Puis-je parler au Sorcier ?" était un signal et celui qui le recevait commençait par énumérer les couleurs : pique, cœur, carreau, trèfle. Quand il citait la bonne, l'autre disait quelque chose, n'importe quoi, qui signifiait "ne va pas plus loin", et le Sorcier entamait alors la litanie des chiffres : as, deux, trois, quatre, cinq, etc. Dès qu'il arrivait à celui de la carte, son interlocuteur l'interrompait à nouveau et le Sorcier s'arrêtait, assemblait les deux éléments et les répétait dans le téléphone : Cinq de cœur, cinq de cœur, cinq de cœur.

Le Livre de la mémoire. Livre six.

Il trouve extraordinaire, même dans l'ordinaire de son existence quotidienne, de sentir le sol sous ses pieds, et le mouvement de ses poumons qui s'enflent et se contractent à chaque respiration, de savoir qu'il peut, en posant un pied devant l'autre, marcher de là où il est à l'endroit où il veut aller. Il trouve extraordinaire que, certains matins, juste après son réveil, quand il se penche pour lacer ses chaussures, un flot de bonheur l'envahisse, un bonheur si intense, si naturellement en harmonie avec l'univers qu'il prend conscience d'être vivant dans le présent, ce présent qui l'entoure et le pénètre, qui l'envahit soudain, le submerge de la conscience d'être vivant. Et le bonheur qu'il découvre en lui à cet instant est extraordinaire. Et qu'il le soit ou non, il trouve ce bonheur extraordinaire.

On a parfois l'impression d'être en train de déambuler sans but dans une ville. On se promène dans une rue, on tourne au hasard dans une autre, on s'arrête pour admirer la corniche d'un immeuble, on se penche pour inspecter sur le trottoir une tache de goudron qui fait penser à certains tableaux que l'on a admirés, on regarde les visages des gens que l'on croise en essayant d'imaginer les vies qu'ils trimbalent en eux, on va déjeuner dans un petit restaurant pas cher, on ressort, on continue vers le fleuve (si cette ville possède un fleuve) pour regarder passer les grands bateaux, ou les gros navires à quai dans le port, on chantonne peut-être en marchant, ou on sifflote, ou on cherche à se souvenir d'une chose oubliée. On a parfois l'impression, à se balader ainsi dans la ville, de n'aller nulle part, de ne chercher qu'à passer le temps, et que seule la fatigue nous dira où et quand nous arrêter. Mais de même qu'un pas entraîne immanquablement le pas suivant, une pensée est la conséquence inévitable de la précédente et dans le cas où une pensée en engendrerait plus d'une autre (disons deux ou trois, équivalentes quant à toutes leurs implications), il sera non seulement nécessaire de suivre la première jusqu'à sa conclusion mais aussi de revenir sur ses pas jusqu'à son point d'origine, de manière à reprendre la deuxième de bout en bout, puis la troisième, et ainsi de suite, et si on devait essayer de se figurer mentalement l'image de ce processus on verrait apparaître un réseau de sentiers, telle la représentation de l'appareil circulatoire humain (cœur, artères, veines, capillaires), ou telle une carte (le plan des rues d'une ville, une grande ville de préférence, ou même une carte routière, comme celles des stations-service, où les routes s'allongent, se croisent et tracent des méandres à travers un continent entier), de sorte qu'en réalité, ce qu'on fait quand on marche dans une ville, c'est penser, et on pense de telle façon que nos réflexions composent un parcours, parcours qui n'est ni plus ni moins que les pas accomplis, si bien qu'à la fin on pourrait sans risque affirmer avoir voyagé et, même si l'on ne quitte pas sa chambre, il s'agit bien d'un voyage, on pourrait sans risque affirmer avoir été quelque part, même si on ne sait pas où.

Il prend dans sa bibliothèque une brochure qu'il a achetée voici dix ans à Amherst, Massachusetts, souvenir de sa visite à la maison d'Emily Dickinson ; il se rappelle l'étrange épuisement qui l'avait accablé ce jour-là dans la chambre du poète : il respirait mal, comme s'il venait d'escalader le sommet d'une montagne. Il s'était promené dans cette petite pièce baignée de soleil en regardant le couvre-lit blanc, les meubles cirés, et il pensait aux mille sept cents poèmes qui ont été écrits là, s'efforçant de les voir comme partie intégrante de ces quatre murs mais n'y parvenant pas. Car si les mots sont un moyen d'appréhender l'univers, pensait-il, alors, même si aucun monde n'est accessible, l'univers se trouve déjà là, dans cette chambre, ce qui signifie que la chambre est présente dans les poèmes et non le contraire. Il lit maintenant, à la dernière page de la brochure, dans la prose maladroite de son auteur anonyme :

"Dans cette chambre-cabinet de travail, Emily proclamait que l'âme peut se satisfaire de sa propre compagnie. Mais elle a découvert que la connaissance était captivité autant que liberté, de sorte qu'elle était même ici victime de son auto-enfermement dans le désespoir ou la peur... Pour le visiteur sensible, l'atmosphère de la chambre d'Emily paraît imprégnée des différents états d'âme du poète : orgueil, anxiété, angoisse, résignation ou extase. Davantage peut-être que tout autre lieu concret de la littérature américaine, celui-ci est le symbole d'une tradition nationale, dont Emily incarne la quintessence, l'assiduité dans l'étude de la vie intérieure."

Chant pour accompagner le Livre de la mémoire. *Solitude*, dans l'interprétation de Billie Holiday. Dans l'enregistrement du 9 mai 1941 par Billie Holiday et son orchestre. Durée de l'exécution : trois minutes quinze secondes. Comme suit : *In my solitude you haunt me* (Dans ma solitude tu me hantes) / *with reveries of days gone by* (avec les songes de jours enfuis). / *In my solitude you taunt me* (Dans ma solitude tu me nargues) / *with memories that never die* (avec des souvenirs qui ne meurent jamais)... Etc. Hommage rendu à D. Ellington, E. De Lange et I. Mills.

Première allusion à une voix de femme. Poursuivre avec des références spécifiques à plusieurs autres.

Car il a la conviction que s'il existe une voix de la vérité – en supposant que la vérité existe, et en supposant qu'elle ait une voix – elle sort de la bouche d'une femme.

Il est vrai aussi que la mémoire, parfois, se manifeste à lui comme une voix, une voix qui parle au-dedans de lui, et qui n'est pas forcément la sienne. Elle s'adresse à lui comme on le ferait pour raconter des histoires à un enfant, et pourtant par moments elle se moque de lui, le rappelle à l'ordre ou l'injurie carrément. Par moments, plus préoccupée d'effets dramatiques que de vérité, elle altère délibérément l'épisode qu'elle est en train de raconter, en modifie les faits au gré de ses humeurs. Il doit alors élever sa propre voix pour ordonner à celle-là de se taire et la renvoyer ainsi au silence d'où elle est sortie. A d'autres moments, elle chante pour lui. A d'autres encore elle chuchote. Et puis il y a des moments où elle murmure, ou babille, ou pleure. Et même quand elle ne dit rien, il sait qu'elle est encore là et, dans le silence de cette voix qui ne dit rien, il attend qu'elle parle.

Jérémie : "Et je dis : «Ah, Seigneur Ihavé, je ne sais point parler, car je suis un enfant !» Et Iahvé me dit : «Ne dis pas, je suis un enfant : car tu iras vers tous ceux à qui je t'enverrai, et tu diras tout ce que je t'ordonnerai...» Puis Iahvé étendit sa main et toucha ma bouche ; et Iahvé me dit : «Voici que je mets mes paroles dans ta bouche.»"

Le Livre de la mémoire. Livre sept.

Premier commentaire sur le Livre de Jonas.

On est frappé dès le premier abord par sa singularité dans l'ensemble des textes prophétiques. Cette œuvre brève, la seule qui soit écrite à la troisième personne, est la plus dramatique histoire de solitude de toute la Bible, et pourtant elle est racontée comme de l'extérieur, comme si, plongé dans les ténèbres de cette solitude, le "moi" s'était perdu de vue. Il ne peut donc parler de lui-même que comme d'un autre. Comme dans la phrase de Rimbaud : "Je est un autre."

Non seulement Jonas (comme Jérémie, par exemple) répugne à prendre la parole, il va jusqu'à s'y refuser. "Maintenant la parole de Iahvé fut adressée à Jonas... Mais Jonas se leva pour s'enfuir loin de la face de Iahvé."

Jonas fuit. Il paie son passage sur un navire. Une terrible tempête survient et les marins ont peur de faire naufrage. Tous prient pour leur salut. Mais Jonas "était descendu dans les flancs du navire ; il s'était couché, et il dormait profondément". Le sommeil, donc, retraite ultime du monde. Le sommeil, image de la solitude. Oblomov, pelotonné sur son divan, rêvant son retour dans le sein maternel. Jonas dans le ventre du navire ; Jonas dans le ventre de la baleine.

Le capitaine du bateau vient trouver Jonas et l'invite à prier son dieu. Pendant ce temps, les marins ont tiré au sort, pour voir lequel d'entre eux est responsable de la tempête, "... et le sort tomba sur Jonas.

"Et il leur dit, prenez-moi et jetez-moi dans la mer ; ainsi la mer s'apaisera pour vous ; car je sais que c'est à cause de moi que cette grande tempête est venue sur vous.

"Les hommes ramaient pour ramener le vaisseau à la terre ; mais ils ne le purent pas ; car la mer continuait de se soulever de plus en plus contre eux...

"Alors... prenant Jonas, ils le jetèrent à la mer ; et la mer calma sa fureur."

Quelle que soit la mythologie populaire à propos de la baleine, le gros poisson qui avale Jonas n'est en aucune façon un agent de destruction. C'est lui qui le sauve de la noyade. "Les eaux m'avaient enserré jusqu'à l'âme, l'abîme m'environnait, l'algue encerclait ma tête." Dans la profondeur de cette solitude, qui est aussi la profondeur du silence, comme si le refus de parler impliquait également celui de se tourner vers l'autre ("Jonas se leva pour s'enfuir loin de la face de Iahvé") – ce qui revient à dire : qui recherche la solitude recherche le silence ; qui ne parle pas est seul ; seul, jusque dans la mort – Jonas rencontre les ténèbres de la mort. On nous raconte que "Jonas fut dans les entrailles du poisson trois jours et trois nuits", et ailleurs, dans un chapitre du Zohar, on trouve ceci : "«Trois jours et trois nuits» : cela représente, pour un homme, les trois jours dans la tombe avant que le ventre n'éclate." Et quand le poisson le vomit sur la terre ferme, Jonas est rendu à la vie, comme si la mort trouvée dans le ventre du poisson était préparation à une vie nouvelle, une vie qui a fait l'expérience de la mort, et qui peut donc enfin parler. Car la frayeur qu'il a éprouvée lui a ouvert la bouche. "Dans ma détresse j'ai invoqué Iahvé, et il m'a répondu ; du ventre du schéol j'ai crié : tu as entendu ma voix." Dans les ténèbres de cette solitude qu'est la mort, la langue finalement se délie, et dès l'instant où elle commence à parler la réponse vient. Et même s'il ne vient pas de réponse, l'homme a commencé à parler.

Le prophète. Comme dans faux : la projection dans le futur, non par la connaissance mais par l'intuition. Le vrai prophète sait. Le faux prophète devine.

Tel était le grand problème de Jonas. S'il proclamait le message de Dieu, s'il annonçait aux Ninivites qu'ils seraient détruits quarante jours plus tard à cause de leur iniquité, ils allaient se repentir, c'était certain, et être épargnés. Car il savait que Dieu est "miséricordieux et clément, lent à la colère".

Donc "les gens de Ninive crurent en Dieu ; ils publièrent un jeûne et se revêtirent de sacs, depuis le plus grand jusqu'au plus petit".

Et si les Ninivites étaient épargnés, cela ne ferait-il pas mentir la prédiction de Jonas ? Ne deviendrait-il pas un faux prophète ? D'où le paradoxe au cœur de ce livre : sa parole ne resterait véridique que s'il la taisait. Dans ce cas, évidemment, il n'y aurait pas de prophétie et Jonas ne serait plus un prophète. Mais plutôt n'être rien qu'un imposteur.

"Maintenant, Iahvé, retire de moi mon âme, car la mort vaut mieux pour moi que la vie."

C'est pourquoi Jonas a tenu sa langue. C'est pourquoi il a fui la face du Seigneur et rencontré son destin : le naufrage. C'est-à-dire le naufrage du singulier.

Rémission dans la relation de cause à effet.

Un souvenir d'enfance de A. (datant de ses douze ou treize ans). Il errait sans but, un après-midi de novembre, avec son ami D. Rien ne se passait. Mais chacun d'eux sentait que tout était possible. Rien ne se passait. A moins que l'on ne puisse considérer que se passait, justement, cette prise de conscience de l'infini du possible.

Alors qu'ils se baladaient dans l'air gris et froid de cet après-midi, A., s'arrêtant brusquement, a déclaré à son ami : Dans un an d'ici, il va nous arriver quelque chose d'extraordinaire, quelque chose qui transformera entièrement nos existences.

L'année s'est écoulée et, le jour venu, rien d'extraordinaire ne s'était produit. Ça ne fait rien, a expliqué A. à D. ; l'événement important sera pour l'an prochain. L'année suivante accomplie, même chose : rien n'était arrivé. Mais A. et D. étaient inébranlables. Ils ont continué, pendant toutes leurs études secondaires, à commémorer ce jour. Sans cérémonie, mais en marquant le coup. Par exemple en se rappelant, s'ils se croisaient dans un couloir de l'école : C'est pour samedi. Ce n'était plus l'attente d'un miracle. Mais plus curieux : avec le temps, ils s'étaient tous deux attachés au souvenir de leur prédiction.

L'insouciance du futur, le mystère de ce qui n'a pas encore eu lieu : cela aussi, il l'a appris, peut être conservé dans la mémoire. Et parfois, il est frappé par l'idée que c'était la prophétie aveugle de son adolescence, vingt ans plus tôt, cette prévision de l'extraordinaire, qui était en réalité remarquable : cette joyeuse projection de son imagination dans l'inconnu. Car, c'est un fait, beaucoup d'années ont passé. Et toujours, à la fin de novembre, il se surprend à repenser à cette date.

Prophétie. Comme dans vrai. Comme dans Cassandre, parlant du fond de sa cellule solitaire. Comme dans une voix de femme.

Le futur lui tombe des lèvres au présent, chaque événement exactement tel qu'il se produira, et son destin est de n'être jamais crue. Folle, la fille de Priam ; "les cris de cet oiseau de mauvais augure" dont les *"... sounds of woe / Burst dreadful, as she chewed the laurel leaf, / And ever and anon, like the black Sphinx, / Poured the full tide of enigmatic song*"*. (La *Cassandre* de Lycophron,

---

* Dans la traduction de Pascal Quignard *(Alexandra)* · "Cri improférable / de sa gorge brilla, mâcheuse de laurier, surgissant un langage / mimant si près la voix sonore, répétant la voix / dont la question étreint – celle d'un sphinx : assombrissant."

dans la traduction de Royston, 1806.) Parler du futur, c'est user d'un langage à jamais en avance sur lui-même, à propos d'événements qui ne se sont pas encore produits, pour les assigner au passé, à un "déjà" éternellement retardataire ; et dans cet espace entre le discours et l'acte s'ouvre une faille, et quiconque contemple un tel vide, ne fût-ce qu'un instant, est pris de vertige et se sent basculer dans l'abîme.

A. se rappelle avec quelle émotion, à Paris, en 1974, il a découvert ce poème de Lycophron (300 ans environ avant J.-C.), un monologue de dix-sept cents vers, délires de Cassandre dans sa prison avant la chute de Troie. L'œuvre lui a été révélée par la traduction française de Q., un écrivain du même âge que lui (vingt-quatre ans). Trois ans plus tard, rencontrant Q. dans un café de la rue Condé, il lui a demandé s'il en existait à sa connaissance une version anglaise. Q. lui-même ne lisait ni ne parlait l'anglais mais, oui, il l'avait entendu dire, d'un certain lord Royston, au début du XIXe siècle. Dès son retour à New York, pendant l'été 1974, A. s'est rendu à la bibliothèque de Columbia University pour rechercher ce livre. A sa grande surprise, il l'a trouvé. *Cassandre, traduit du grec original de Lycophron et illustré de notes* ; Cambridge, 1806.

Cette traduction est le seul ouvrage de quelque importance que l'on doive à la plume de lord Royston. Il l'a achevée alors qu'il était encore étudiant à Cambridge et a publié lui-même une luxueuse édition privée du poème. Puis il est parti, après l'obtention de ses diplômes, pour le traditionnel périple sur le continent. A cause des désordres napoléoniens en France, il ne s'est pas dirigé vers le Sud – comme il eût été naturel pour un jeune homme de son éducation – mais vers le Nord, vers les pays scandinaves, et en 1808, alors qu'il naviguait sur les eaux perfides de la Baltique, il s'est noyé au cours d'un naufrage au large des côtes russes. Il avait juste vingt-quatre ans.

Lycophron : "l'obscur". Dans ce poème dense, déconcertant, rien n'est jamais nommé, tout devient référence à autre chose. On se perd rapidement dans le labyrinthe de ces associations, et pourtant on continue à le parcourir, mû par la force de la voix de Cassandre. Le poème est un déluge verbal, soufflant le feu, dévoré par le feu, qui s'oblitère aux limites du sens. La parole de Cassandre. "Venue du silence", comme l'a dit un ami de A. (B., assez curieusement, dans une conférence consacrée à la poésie d'Hölderlin – qu'il compare au langage de Cassandre), "elle est ce signe – *deutungslos* –, signe du bruit ou du silence, irréductible, aussitôt perçu, à l'ordre de la langue, mais à travers cette langue, pourtant, et uniquement par elle, il se fait jour… Parole sans saisie, parole de Cassandre, parole dont nulle leçon n'est à tirer, parole, somme toute, pour ne rien dire, et dont nous ne faisons que prendre acte, sans conclure, dès lors que nous l'avons entendue."

En découvrant cette traduction, A. s'est rendu compte qu'un grand talent avait disparu dans ce naufrage. L'anglais de Royston roule avec une telle violence, une syntaxe si habile et si acrobatique qu'à la lecture du poème on se sent pris au piège dans la bouche de Cassandre.

Il a été frappé aussi de constater que Royston et Q., l'un comme l'autre, avaient à peine vingt ans quand ils ont traduit cette œuvre. A un siècle et demi de distance, l'un et l'autre ont enrichi leur propre langage, par le truchement de ce poème, d'une force particulière. L'idée l'a effleuré, un moment, que Q. était peut-être une réincarnation de Royston. Tous les cent ans environ, Royston renaîtrait afin de traduire le poème dans une autre langue et, de même que Cassandre était destinée à n'être pas crue, de même l'œuvre de Lycophron demeurerait ignorée de génération en génération. Un travail inutile, par conséquent : écrire un livre qui restera fermé à jamais. Et encore, cette vision : le naufrage. La conscience engloutie au fond de la mer, le bruit horrible des craquements du bois, les grands mâts qui s'effondrent dans les vagues. Imaginer les pensées de Royston au moment où son corps s'écrasait à la surface des flots. Imaginer le tumulte de cette mort.

Le Livre de la mémoire. Livre huit.

A l'époque de son troisième anniversaire, les goûts littéraires du fils de A. ont commencé à évoluer, passant des simples livres d'images pour tout-petits à des ouvrages pour enfants plus élaborés.

Les illustrations en étaient encore une grande source de plaisir, mais ce n'était plus décisif. L'histoire en elle-même suffisait à soutenir son attention, et quand A. arrivait à une page dépourvue du moindre dessin, il était ému de voir le petit garçon fixer intensément devant lui le vide de l'air, un mur blanc, rien, en se représentant ce que les mots lui suggéraient. "C'est amusant d'imaginer ce qu'on ne voit pas", a-t-il dit à son père, un jour qu'ils marchaient dans la rue. Une autre fois, il était allé à la salle de bains, s'était enfermé et ne ressortait plus. "Qu'est-ce que tu fais là-dedans ?" a demandé A. à travers la porte. "Je pense, a répondu l'enfant. Pour ça il faut que je sois seul."

Peu à peu, ils ont commencé tous deux à se sentir attirés par un seul livre. *Les Aventures de Pinocchio*. D'abord dans la version de Disney, puis, bientôt, dans le texte original de Collodi, avec les illustrations de Mussino. Le petit garçon ne se lassait jamais d'entendre le chapitre où il est question de la tempête en mer, et de la façon dont Pinocchio retrouve Geppetto dans le ventre du Terrible Requin.

"Oh ! mon petit papa ! Je vous ai enfin retrouvé ! Je ne vous laisserai plus jamais maintenant, plus jamais, plus jamais !"

Geppetto explique : "«La mer était forte et une grosse vague renversa ma barque. Alors un horrible Requin qui se trouvait tout près de là, dès qu'il me vit dans l'eau, accourut tout de suite vers moi, et, sortant sa langue, il m'attrapa très naturellement et m'avala comme un petit pâté de Bologne.»

"«Et depuis combien de temps êtes-vous enfermé ici dedans ?»

"«Ça doit faire environ deux ans : deux ans, mon petit Pinocchio, qui m'ont paru deux siècles !»

"«Et comment avez-vous fait pour survivre ? Où avez-vous trouvé cette bougie ? Et les allumettes pour l'allumer, qui vous les a données ?»

"«… Cette même tempête qui renversa ma barque fit aussi couler un grand bateau marchand. Tout l'équipage put se sauver, mais le bâtiment coula à pic, et le Requin, qui avait ce jour-là un excellent appétit, engloutit le bâtiment après m'avoir englouti moi-même… Heureusement pour moi, ce bâtiment était plein de viande conservée dans des boîtes de métal, de biscuits, de pain grillé, de bouteilles de vin, de raisins secs, de fromage, de café, de sucre, de bougies et de boîtes d'allumettes. Avec tout cela, grâce à Dieu ! j'ai pu survivre pendant deux ans ; mais j'en suis maintenant à mes dernières réserves : aujourd'hui, il n'y a plus rien dans le garde-manger, et cette bougie que tu vois allumée est la dernière qui me reste.»

"«Et après ?…»

"«Et après, mon cher enfant, nous resterons tous les deux dans l'obscurité.»"

Pour A. et son fils, si souvent loin l'un de l'autre depuis un an, il y avait quelque chose de profondément satisfaisant dans cet épisode des retrouvailles. En effet, Pinocchio et Geppetto sont séparés tout au long du livre. C'est au deuxième chapitre que Maître Cerise donne à Geppetto la mystérieuse pièce de bois qui parle. Au troisième chapitre, le vieil homme sculpte la marionnette. Avant même d'être achevée, celle-ci entame ses frasques et ses espiègleries. "C'est bien fait, se dit Geppetto. J'aurais dû y penser avant. Maintenant c'est trop tard." A ce moment-là, comme tous les nouveau-nés, Pinocchio est pur désir, appétit libidineux dépourvu de conscience. Très rapidement, en l'espace de quelques pages, Geppetto apprend à son fils à marcher, la marionnette découvre la faim et se brûle accidentellement les pieds – que son père lui remplace. Le lendemain, Geppetto vend son manteau afin d'acheter à Pinocchio un abécédaire pour l'école ("Pinocchio comprit... et, ne pouvant refréner l'élan de son bon cœur, il sauta au cou de Geppetto et couvrit son visage de baisers"), et à partir de là ils ne se revoient pas pendant plus de deux cents pages. La suite du livre raconte l'histoire de Pinocchio à la recherche de son père – et celle de Geppetto en quête de son fils. A un moment donné, Pinocchio se rend compte qu'il veut devenir un vrai garçon. Mais il est clair que cela ne pourra se produire qu'après qu'il aura retrouvé son père. Aventures, mésaventures, détours, résolutions, luttes, événements fortuits, progrès, reculs, et à travers tout cela l'éveil progressif de la conscience. La supériorité de l'original de Collodi sur l'adaptation de Disney réside dans sa réticence à expliciter les motivations profondes.

Elles demeurent intactes, sous une forme inconsciente, onirique, tandis que Disney les exprime – ce qui les sentimentalise et donc les banalise. Chez Disney, Geppetto prie pour avoir un fils ; chez Collodi, il le fabrique, simplement. L'acte matériel de donner forme au pantin (dans une pièce de bois qui parle, qui est *vivante*, ce qui reflète la notion qu'avait Michel-Ange de la sculpture : l'œuvre est déjà là, dans le matériau ; l'artiste se borne à tailler dans la matière en excès jusqu'à ce que la vraie forme se révèle, ce qui implique que l'être de Pinocchio est antérieur à son corps : sa tâche au long du livre sera de le découvrir, en d'autres mots de se trouver, ce qui signifie qu'il s'agit d'une histoire de devenir plutôt que de naissance), cet acte de donner forme au pantin suffit pour faire passer l'idée de prière, d'autant plus puissante, certes, qu'elle est silencieuse. De même pour les efforts accomplis par Pinocchio afin de devenir un vrai garçon. Chez Disney, la Fée Bleue lui recommande d'être "courageux, honnête et généreux", comme s'il existait une formule commode de conquête de soi. Chez Collodi, pas de directives. Pinocchio avance en trébuchant, il vit, et arrive peu à peu à la conscience de ce qu'il peut devenir. La seule amélioration que Disney apporte à l'histoire, et elle est discutable, se trouve à la fin, dans l'épisode de l'évasion hors du Terrible Requin (Monstro la Baleine). Chez Collodi, la bouche du Requin est ouverte (il souffre d'asthme et d'une maladie de cœur) et pour organiser la fuite, Pinocchio n'a besoin que de courage. "«Alors, mon petit papa, il n'y a pas de temps à perdre. Il faut tout de suite penser à fuir…»

"«A fuir ?… Mais comment ?»

"«En s'échappant de la bouche du Requin, en se jetant à la mer et en nageant.»

"«Tu parles d'or ; mais moi, mon cher Pinocchio, je ne sais pas nager.»

"«Qu'importe ?… Vous monterez à cheval sur mes épaules et moi, qui suis un bon nageur, je vous porterai sain et sauf jusqu'au rivage.»

"«Illusions, mon garçon ! répliqua Geppetto en secouant la tête et en souriant mélancoliquement. Te semble-t-il possible qu'un pantin à peine haut d'un mètre, comme tu l'es, ait assez de force pour me porter en nageant sur ses épaules ?»

"«Essayons et vous verrez ! De toute façon, s'il est écrit dans le ciel que nous devons mourir, nous aurons au moins la grande consolation de mourir dans les bras l'un de l'autre.»

"Et, sans rien ajouter, Pinocchio prit la bougie, et, passant devant pour éclairer, il dit à son père : «Suivez-moi et n'ayez pas peur.»"

Chez Disney, cependant, il faut aussi à Pinocchio de la ressource. La baleine garde la bouche fermée, et si elle l'ouvre, ce n'est que pour laisser l'eau entrer, jamais sortir. Pinocchio, plein d'astuce, décide de construire un feu à l'intérieur de l'animal, provoquant chez Monstro l'éternuement qui lance à la mer le pantin et son père. Mais on perd plus qu'on ne gagne avec cette enjolivure.

Car l'image capitale du livre est éliminée : celle de Pinocchio qui nage dans une mer désolée, coulant presque sous le poids de Geppetto, progressant dans la nuit gris bleuté (page 296 de l'édition américaine), avec la lune qui brille par-dessus, un sourire bienveillant sur le visage, et l'immense gueule du requin béante derrière eux. Le père sur le dos de son fils : l'image évoquée ici est si clairement celle d'Enée ramenant Anchise sur son dos des ruines de Troie que chaque fois qu'il lit cette histoire à son fils, A. ne peut s'empêcher de voir (car il ne s'agit pas de pensée, en vérité, tout cela passe si vite à l'esprit) des essaims d'autres images, jaillies du cœur de ses préoccupations : Cassandre, par exemple, qui prédit la ruine de Troie, et ensuite la perte, comme dans les errances d'Enée précédant la fondation de Rome, et ces errances en figurent une autre, celle des juifs dans le désert, qui à son tour cède la place à de nouveaux essaims : "L'an prochain à Jérusalem", et, avec celle-ci, dans l'Encyclopédie juive, la photographie de son parent, celui qui portait le nom de son fils.

A. a observé avec attention le visage de son fils pendant ces lectures de Pinocchio. Il en a conclu que c'est l'image de Pinocchio en train de sauver Geppetto (quand il nage avec le vieil homme sur son dos) qui à ses yeux donne son sens à l'histoire. A trois ans on est un très petit garçon. Petit bout d'homme de rien du tout à côté de la stature de son père, il rêve d'acquérir des pouvoirs démesurés afin de maîtriser sa chétive réalité. Il est encore trop jeune pour comprendre qu'il sera un jour aussi grand que son père, et même si on prend grand soin de le lui expliquer, il reste une large place pour des interprétations fausses : "Et un jour je serai aussi grand que toi, et toi tu seras aussi petit que moi." La fascination pour les super-héros de bandes dessinées peut sans doute se justifier de ce point de vue. Le rêve d'être grand, de devenir adulte. "Que fait Superman ?" "Il sauve les gens." Et c'est bien ainsi en effet qu'agit un père : il protège du mal son petit garçon. Et pour celui-ci, voir Pinocchio, ce pantin étourdi, toujours trébuchant d'une mésaventure à l'autre, déterminé à être "sage" mais incapable de s'empêcher d'être "méchant", ce même petit pantin maladroit, qui n'est même pas un vrai garçon, devenir un personnage salvateur, celui-là même qui arrache son père à l'étreinte de la mort, c'est un instant sublime de révélation. Le fils sauve le père. Il faut bien se représenter ceci du point de vue de l'enfant. Il faut bien se le représenter dans l'esprit du père, qui a jadis été un petit garçon, c'est-à-dire, pour son propre père, un fils. *Puer aeternus*. Le fils sauve le père.

Nouveau commentaire sur la nature du hasard.

Il ne voudrait pas négliger de mentionner que, deux ans après avoir fait la connaissance de S. à Paris, il a rencontré son fils cadet à l'occasion d'un séjour ultérieur – par des relations et en des circonstances qui n'avaient rien à voir avec S. lui-même.

Ce jeune homme, P., qui avait l'âge précis de A., était en train de se créer une situation considérable dans le cinéma auprès d'un grand producteur français. A. serait d'ailleurs un jour employé par ce même producteur, pour lequel il a effectué en 1971 et 1972 divers petits boulots (traductions, rewriting), mais tout ceci est sans importance. Ce qui compte c'est que dans la seconde moitié des années soixante-dix P. s'était débrouillé pour obtenir le statut de coproducteur et, en collaboration avec le fils du producteur français, avait sorti le film *Superman*, qui a coûté tant de millions de dollars, disait-on, qu'il a été considéré comme l'œuvre d'art la plus dispendieuse dans l'histoire du monde occidental.

Au début de l'été 1980, peu après le troisième anniversaire de son fils, A. a passé une semaine à la campagne avec celui-ci, dans la maison d'amis partis en vacances. Ayant vu dans le journal qu'on jouait *Superman* au cinéma local, il a décidé d'y emmener l'enfant, se disant qu'il y avait peut-être une chance qu'il puisse y assister jusqu'au bout. Pendant la première moitié du film, le petit garçon s'est tenu tranquille, il grignotait du pop-corn, posait ses questions à voix basse, comme A. le lui avait recommandé, et contemplait sans trop d'émotion les explosions de planètes, les vaisseaux spatiaux et l'univers intersidéral. Mais ensuite il s'est passé quelque chose. Superman a commencé à voler, et l'enfant a tout d'un coup perdu son sang-froid. Bouche bée, debout sur son siège et renversant son pop-corn, il a tendu le doigt vers l'écran et s'est mis à crier : "Regarde, regarde, il vole !" Pendant le reste du film, il est demeuré hors de lui, le visage crispé par la crainte et la fascination, mitraillant son père de questions, s'efforçant d'absorber ce qu'il venait de voir, s'émerveillant, s'efforçant d'assimiler, s'émerveillant encore. Vers la fin, c'est devenu un peu excessif. "Trop de boum", protestait-il. Son père lui a demandé s'il voulait partir et il a acquiescé. A. l'a pris dans ses bras et ils sont sortis du cinéma – dans un violent orage de grêle. Comme ils couraient vers la voiture, l'enfant s'est écrié (ballotté dans les bras de A.) : "Quelle aventure, ce soir, hein ?"

Tout l'été, Superman est resté sa passion, son obsession, l'unique intérêt de sa vie. Il refusait de mettre une autre chemise que la bleue avec un S devant. Sa mère lui a confectionné une cape qu'il exigeait de porter chaque fois qu'il sortait, et il chargeait dans les rues, les bras tendus devant lui, comme s'il volait, ne s'arrêtant que pour annoncer à chaque passant âgé de moins de dix ans : "Je suis Superman !" Tout ceci amusait A., lui rappelait des choses analogues de sa propre enfance. Il n'était pas tant frappé par cette obsession, ni même, après tout, par cette coïncidence – connaître les producteurs du film qui l'avait suscitée –, que par ceci : chaque fois qu'il voyait son fils jouer à Superman, il ne pouvait s'empêcher de penser à son ami S., comme si c'était à lui qu'avait fait référence le S sur le T-shirt du gamin et non à

Superman. Et il s'interrogeait sur cette tendance de son esprit à se jouer de lui, à transformer toujours toute chose en une autre, comme si derrière chaque réalité se cachait une ombre, aussi vivante pour lui que l'objet qu'il avait devant les yeux, et à la longue il ne savait plus, il n'aurait plus pu dire laquelle il voyait vraiment. Et c'est pourquoi il arrivait, il arrivait souvent que sa vie ne lui semble plus se dérouler dans le présent.

Le Livre de la mémoire. Livre neuf.

Depuis qu'il est adulte, il gagne sa vie en traduisant les livres d'autres écrivains. Assis à son bureau, il lit le texte français, puis prend son stylo et écrit le même texte en anglais. C'est et à la fois ce n'est pas le même livre, et il n'a jamais manqué d'être impressionné par le caractère étrange de cette activité. Tout livre est l'image d'une solitude. C'est un objet tangible, qu'on peut ramasser, déposer, ouvrir et fermer, et les mots qui le composent représentent plusieurs mois, sinon plusieurs années de la solitude d'un homme, de sorte qu'à chaque mot lu dans un livre on peut se dire confronté à une particule de cette solitude. Un homme écrit, assis seul dans une chambre. Que le livre parle de solitude ou de camaraderie, il est nécessairement un produit de la solitude. Assis dans sa chambre, A. traduit le livre d'un autre, et c'est comme s'il pénétrait la solitude de cet autre et la faisait sienne. Certes, cela est impossible. Car dès lors qu'une solitude est violée, dès que quelqu'un la partage, ce n'en est plus une, mais une sorte de camaraderie. Même si un seul homme se trouve dans la pièce, ils sont deux. A. se voit comme une sorte de fantôme de cet autre, présent et absent à la fois, et dont le livre est et n'est pas le même que celui qu'il est en train de traduire. C'est pourquoi, se dit-il, on peut à la fois être et ne pas être seul.

Un mot devient un autre mot, une chose une autre chose. Ainsi, se dit-il, cela fonctionne comme la mémoire. Il imagine au-dedans de lui une immense Babel. Il y a un texte, et ce texte se traduit dans une infinité de langages. Des phrases coulent de lui à la vitesse de la pensée, chaque mot dans un langage différent, un millier de langues clament en lui, et leur vacarme résonne à travers un dédale de chambres, de corridors et d'escaliers, sur plus de cent étages. Il se répète. Dans l'espace de la mémoire, toute chose est à la fois elle-même et une autre. Et il lui apparaît alors que tout ce qu'il s'efforce de consigner dans le Livre de la mémoire, tout ce qu'il a écrit jusqu'ici, n'est rien d'autre qu'une traduction d'un ou deux moments de sa vie – ces moments passés la veille de Noël 1979 dans sa chambre du 6, Varick Street.

L'instant d'illumination qui flamboie dans le ciel de solitude.

Pascal, dans sa chambre, au soir du 23 novembre 1654, coud le *Mémorial* dans la doublure de ses vêtements afin de pouvoir à tout moment, tout le reste de sa vie, trouver sous sa main la relation de cette extase.

L'An de grâce 1654
Lundi, 23 novembre, jour de saint Clément,
pape et martyr,
et autres au martyrologe,
Veille de saint Chrysogone, martyr, et autres,
depuis environ dix heures et demie du soir
jusques environ minuit et demi,

feu.
"Dieu d'Abraham, Dieu d'Isaac, Dieu de Jacob",
non des philosophes et des savants.
Certitude. Certitude. Sentiment. Joie. Paix.

· · ·

Grandeur de l'âme humaine.

· · ·

Joie, joie, joie, pleurs de joie.

· · ·

Non obliviscar sermones tuos. Amen.

· · ·

· A propos du pouvoir de la mémoire.

Au printemps 1966, peu de temps après avoir rencontré sa future épouse et à l'invitation du père de celle-ci (professeur d'anglais à Columbia), A. est allé prendre le dessert et le café dans leur appartement familial de Morningside Drive. Les futurs beaux-parents de A. recevaient à dîner Francis Ponge et sa femme, et ils s'étaient dit que le jeune A. (qui venait d'avoir dix-neuf ans) serait heureux de rencontrer un écrivain aussi renommé. Ponge, le maître de la poésie de l'objet, dont l'invention se situe dans la réalité concrète plus nettement peut-être qu'aucune autre, faisait ce semestre-là un cours à Columbia. A cette époque A. parlait un français acceptable. Comme Ponge et sa femme ne pratiquaient pas l'anglais, et ses futurs beaux-parents presque pas le français, A. participait à la conversation plus que ne l'y auraient poussé sa timidité naturelle et sa tendance à se taire autant que possible. Il se souvient de Ponge comme d'un homme charmant et vif, aux yeux bleus étincelants.

Sa seconde rencontre avec Ponge remonte à 1969 (mais ç'aurait pu être 1968 ou 1970) à une réception organisée en l'honneur de Ponge par G., un professeur de Barnard College qui avait traduit son œuvre. En serrant la main de Ponge, A. s'est présenté en lui rappelant que, bien qu'il ne s'en souvînt sans doute pas, ils s'étaient rencontrés un jour à New York, plusieurs années plus tôt. Au contraire, a répliqué Ponge, il se souvenait très bien de cette soirée. Et il s'est mis alors à parler de l'appartement où ce dîner avait eu lieu, le décrivant en détail, de la vue qu'on avait des fenêtres à la couleur du canapé et à la disposition des meubles dans les différentes pièces. A. a été aussi stupéfait que d'un acte surnaturel du fait qu'un homme pût se rappeler avec une telle précision des objets qu'il n'avait vus qu'une fois, et qui ne pouvaient avoir eu le moindre rapport avec son existence que pendant un instant fugitif. Il s'est rendu compte qu'il n'y avait pour Ponge aucune séparation entre le fait d'écrire et celui de regarder. Car on ne peut pas écrire un seul mot sans l'avoir d'abord vu, et avant de trouver le chemin de la page, un mot doit d'abord avoir fait partie du corps, présence physique avec laquelle on vit de la même façon qu'on vit avec son cœur, son estomac et son cerveau. La mémoire, donc, non tant comme le passé contenu en nous, mais comme la preuve de notre vie dans le présent. Pour qu'un homme soit réellement présent au milieu de son entourage, il faut qu'il ne pense pas à lui-même mais à ce qu'il voit. Pour être là, il faut qu'il s'oublie. Et de cet oubli naît le pouvoir de la mémoire. C'est une façon de vivre son existence sans jamais rien en perdre.

Il est vrai aussi, comme Beckett l'a écrit à propos de Proust, que "l'homme doué d'une bonne mémoire ne se souvient de rien car il n'oublie rien". Et il est vrai que l'on doit prendre garde à distinguer entre mémoire volontaire et involontaire, comme le fait Proust tout au long du roman qu'il a consacré au passé.

Néanmoins, ce que A. a l'impression de faire en rédigeant les pages de son propre livre ne participe d'aucun de ces deux types de mémoire. Sa mémoire à lui est à la fois bonne et mauvaise. Il a beaucoup perdu, il a aussi beaucoup conservé. Lorsqu'il écrit, il se sent progresser vers l'intérieur (en lui-même) et en même temps vers l'extérieur (vers l'univers). Ce dont il a fait l'expérience, la veille de Noël 1979, pendant ces quelques instants dans la solitude de sa chambre de Varick Street, c'est peut-être ceci : sa brusque prise de conscience de ce que même seul, dans la profonde solitude de sa chambre, il n'était pas seul, ou plus précisément que, dès l'instant où il avait tenté de parler de cette solitude, il était devenu plus que simplement lui-même. La mémoire, donc, non tant comme la résurrection d'un passé personnel, que comme une immersion dans celui des autres, c'est-à-dire l'histoire – dont nous sommes à la fois acteurs et témoins, dont nous faisons partie sans en être. Tout se trouve donc à la fois dans sa conscience, comme si chaque élément reflétait la lumière de tous les autres en même temps qu'il émet son propre rayonnement unique et intarissable. S'il existe une raison à sa présence dans cette chambre en ce moment, c'est, en lui, une fringale de tout voir en même temps, de savourer tout ce chaos dans la plénitude brute et nécessaire de sa simultanéité. Et pourtant le récit n'en peut être que lent, délicate tentative de se rappeler ce dont on s'est déjà souvenu. Jamais la plume ne pourra courir assez vite pour consigner chaque mot découvert dans le domaine de la mémoire. Certains événements sont à jamais perdus, d'autres resurgiront peut-être, d'autres encore disparaissent, reviennent, et disparaissent à nouveau. On ne peut être sûr de rien de tout ceci.

Epigraphe(s) possible(s) pour le Livre de la mémoire.

"Hasard donne les pensées, et hasard les ôte. Point d'art pour conserver ni pour acquérir. Pensée échappée. Je la voulais écrire ; j'écris, au lieu, qu'elle m'est échappée…" (Pascal.)

"En écrivant ma pensée, elle m'échappe quelquefois ; mais cela me fait souvenir de ma faiblesse que j'oublie à toute heure, ce qui m'instruit autant que ma pensée oubliée, car je ne tends qu'à connaître mon néant." (Pascal.)

Le Livre de la mémoire. Livre dix.

En parlant de la chambre, il ne veut pas négliger les fenêtres qu'elle comporte parfois. Elle ne figure pas nécessairement une conscience hermétique, et quand un homme ou une femme se trouve seul dans une pièce, il conçoit bien qu'il y a là davantage que le silence de la pensée, le silence d'un être qui s'efforce d'exprimer sa pensée. Il ne veut pas non plus suggérer qu'il n'existe que souffrance à l'intérieur des quatre murs de la conscience, comme dans les allusions faites plus haut à Hölderlin et à Emily Dickinson. Il pense, par exemple, aux femmes de Vermeer, seules dans leurs chambres, où la lumière éclatante du monde réel se déverse par une fenêtre ouverte ou fermée, et à la complète immobilité de ces solitudes, évocation presque déchirante du quotidien et de ses variables domestiques. Il pense, en particulier, à un tableau qu'il a vu lors de son voyage à Amsterdam, *La Liseuse en bleu*, dont la contemplation l'a frappé de quasi-paralysie au Rijksmuseum. Comme l'écrit un commentateur : "La lettre, la carte de géographie, la grossesse de la femme, la chaise vide, le coffret béant, la fenêtre hors de vue – autant de rappels ou de symboles naturels de l'absence, de l'inaperçu, de consciences, de volontés, de temps et de lieux différents, du passé et de l'avenir, de la naissance et peut-être de la mort – en général, d'un univers qui s'étend au-delà des bords du cadre, et d'horizons plus vastes, plus larges, qui empiètent sur la scène suspendue devant nos yeux en même temps qu'ils la contiennent. Et néanmoins, c'est sur la perfection et la plénitude de l'instant présent que Vermeer insiste – avec une telle conviction que sa capacité d'orienter et de contenir est investie d'une valeur métaphysique."

Plus encore que les objets énumérés dans cette liste, c'est la qualité de la lumière en provenance de la fenêtre invisible sur la gauche qui incite aussi chaleureusement l'attention à se tourner vers l'extérieur, vers le monde au-delà du tableau. A. fixe le visage de la femme et, au bout de quelque temps, il commence presque à entendre sa voix intérieure tandis qu'elle lit la lettre qu'elle tient entre ses mains. Si enceinte, si calme dans l'immanence de sa maternité, avec cette lettre prise dans le coffret et que sans doute elle lit pour la centième fois, et là, accrochée au mur à sa droite, une carte du monde, l'image de tout ce qui existe en dehors de la chambre : cette lumière doucement déversée sur son visage, brillant sur sa tunique bleue, le ventre gonflé de vie, et tout ce bleu baigné de luminosité, une lumière si pâle qu'elle frôle la blancheur. Poursuivre avec d'autres œuvres du même peintre : *La Laitière, La Femme à la balance, Le Collier de perles, La Femme à l'aiguière, La Liseuse à la fenêtre.*

"La perfection, la plénitude de l'instant présent."

Si c'était en quelque sorte par Rembrandt et Titus qu'A. avait été attiré à Amsterdam, où, dans les chambres qu'il découvrait, il s'était alors trouvé en présence de femmes (les femmes de Vermeer, Anne Frank), son voyage dans cette ville avait aussi été conçu comme un pèlerinage dans son propre passé. Une fois de plus, ses réactions intimes se trouvaient exprimées par la peinture : les œuvres d'art offraient une représentation tangible d'un état émotionnel, comme si la solitude de l'autre était en fait l'écho de la sienne.

Dans ce cas-ci, Van Gogh, et le musée construit pour abriter son œuvre. Tel un traumatisme primitif enfoui dans l'inconscient et qui lie à jamais deux objets dépourvus de relation apparente (cette chaussure est mon père ; cette rose est ma mère), la peinture de Van Gogh lui apparaît comme une image de son adolescence, une traduction des sentiments les plus profonds qu'il ait éprouvés durant cette période. Il peut même en parler avec une grande précision, replacer avec exactitude des événements et sa réaction à ces événements dans leur lieu et dans leur temps (l'endroit et l'instant : l'année, le mois, le jour, à l'heure et à la minute près). Mais ce qui compte, c'est moins la séquence de la chronique, l'ordre dans lequel elle se déroule, que ses conséquences, sa permanence dans le champ de la mémoire. Se souvenir, donc, d'un jour d'avril quand il avait seize ans, il séchait l'école avec la fille dont il était amoureux : si passionnément, si désespérément que cela fait encore mal d'y penser. Se souvenir du train, puis du ferry pour New York (ce ferry disparu depuis longtemps : ferraille, brouillard tiède, rouille), puis de s'être rendus à une grande exposition Van Gogh. Se retrouver là, tremblant de bonheur, comme si le fait de partager avec elle la contemplation de ces œuvres les avait investies de sa présence, revêtues comme d'un vernis mystérieux de l'amour qu'il lui portait.

Quelques jours plus tard, il a commencé à composer une série de poèmes (aujourd'hui perdus) basés sur les toiles qu'il avait vues, et qui portaient chacun le titre d'un des tableaux de Van Gogh. Mieux qu'une méthode pour pénétrer ces peintures, ils représentaient une tentative de retenir le souvenir de cette journée. Mais plusieurs années ont passé avant qu'il ne s'en rende compte. Ce n'est qu'à

Amsterdam, tandis qu'il examinait ces mêmes tableaux admirés jadis avec son amie (il les revoyait pour la première fois – depuis près de la moitié de sa vie), qu'il s'est rappelé avoir écrit ces poèmes. Dès lors l'équation lui a paru évidente : l'acte d'écrire comme un acte de mémoire. Car l'important dans tout cela, outre les poèmes eux-mêmes, c'est qu'il n'en avait rien oublié.

Dans le musée Van Gogh d'Amsterdam (décembre 1979), devant *la Chambre*, toile achevée en Arles en octobre 1888.

Van Gogh à son frère : "C'est cette fois-ci ma chambre à coucher tout simplement... Enfin la vue du tableau doit reposer la tête ou plutôt l'imagination.

"Les murs sont d'un violet pâle. Le sol est à carreaux rouges.

"Le bois du lit et les chaises sont jaune beurre-frais, les draps et l'oreiller citron vert très clair.

"La couverture rouge écarlate. La fenêtre verte.

"La table à toilette orangée, la cuvette bleue.

"Les portes lilas.

"Et c'est tout – rien dans cette chambre à volets clos..."

Mais A., plongé dans l'étude de ce tableau, ne pouvait s'empêcher de penser que Van Gogh avait réalisé quelque chose de très différent de ce qu'il avait pensé entreprendre. Au premier abord, A. avait en effet éprouvé une impression de calme, de repos, conforme à la description qu'en fait l'artiste. Mais peu à peu, à force de s'imaginer habitant la pièce représentée sur la toile, il s'est mis à la ressentir comme une prison, un espace impossible, moins l'image d'un lieu habitable que celle de celui qui avait été contraint d'y habiter. Observez bien. Le lit bloque une porte, la chaise l'autre, les volets sont fermés : on ne peut pas entrer, et une fois dedans on ne peut pas sortir. Etouffé entre les meubles et les objets quotidiens, on commence à percevoir dans ce tableau un cri de souffrance, et dès l'instant qu'on l'entend il ne cesse plus. "Dans ma détresse j'ai crié..." Mais cet appel-ci reste sans réponse. L'homme figuré ici (il s'agit bien d'un autoportrait, semblable à n'importe quelle représentation du visage d'un homme avec nez, yeux, lèvres et mâchoire) est resté trop longtemps seul, s'est trop débattu dans les ténèbres de la solitude. L'univers s'arrête devant cette porte barricadée. Car la chambre n'est pas une image de la solitude, elle en est la substance même. Et c'est une chose si lourde, si étouffante, qu'elle ne peut être montrée en d'autres termes que ceux-là. "Et c'est tout – rien dans cette chambre à volets clos..."

Nouveau commentaire sur la nature du hasard.
A. est arrivé à Londres et reparti de Londres, et il a profité de l'une et l'autre occasion pour rendre visite à des amis anglais. La jeune fille du ferry et de l'exposition Van Gogh était anglaise (elle était

née à Londres, avait vécu en Amérique entre douze et dix-huit ans environ et était rentrée faire les Beaux-Arts à Londres) et, durant la première étape de son voyage il a passé plusieurs heures avec elle. Depuis la fin de leurs études, ils avaient à peine gardé le contact, s'étaient revus tout au plus cinq ou six fois. Guéri depuis longtemps de sa passion, A. ne s'en était jamais tout à fait débarrassé, comme s'il était resté attaché au sentiment qu'il avait éprouvé, alors qu'elle-même avait perdu de son importance à ses yeux. Leur dernière rencontre remontait à plusieurs années, et il trouvait maintenant sa compagnie triste, presque pénible. Elle était encore belle, pensait-il, mais elle paraissait enfermée dans la solitude comme un oiseau à naître dans son œuf. Elle vivait seule, presque sans amis. Depuis des années, elle sculptait le bois, mais refusait de montrer son travail. Chaque fois qu'elle avait terminé une œuvre, elle la détruisait, puis en commençait une autre. Une fois de plus, A. se trouvait face à face avec la solitude d'une femme. Mais celle-ci s'était retournée contre elle-même, desséchée à la source.

Un ou deux jours plus tard, il s'est rendu à Paris, ensuite à Amsterdam et enfin de nouveau à Londres. Je n'aurai pas le temps de la revoir, pensait-il. Peu avant de repartir pour New York, devant dîner avec un ami (T., celui qui s'était demandé s'ils n'étaient pas cousins), il a décidé de passer l'après-midi à la Royal Academy of Arts, qui abritait une importante exposition de peinture "postimpressionniste". Mais la foule qui se bousculait dans le musée lui a ôté l'envie d'y rester tout le temps prévu, et il s'est retrouvé avec trois ou quatre heures à perdre avant l'heure convenue pour le dîner. Incertain du parti à tirer de ce temps libre, il a déjeuné d'un *fish and chips* dans une petite gargote de Soho. Sa note payée, il est sorti du restaurant, a tourné le coin de la rue, et l'a vue, là, en train de regarder la vitrine d'un grand magasin de chaussures.

Ce n'est pas tous les jours qu'il tombait dans les rues de Londres sur une de ses relations (dans cette cité de plusieurs millions d'habitants, il ne connaissait que peu de monde), et il lui a semblé pourtant que cette rencontre allait de soi, comme un événement tout naturel. L'instant d'avant, il pensait à elle, regrettant sa décision de ne pas lui faire signe, et maintenant qu'elle se trouvait là, soudain, devant ses yeux, il ne pouvait s'empêcher de croire que son apparition avait été provoquée par le désir qu'il en éprouvait.

Marchant vers elle, il a prononcé son nom.

La peinture. Ou le temps télescopé par les images.

L'exposition qu'il a visitée à la Royal Academy de Londres comprenait plusieurs œuvres de Maurice Denis. A Paris, A. s'est rendu chez la veuve du poète Jean Follain (Follain, mort dans un accident de la circulation en 1971, juste avant que A. ne s'installe à Paris) pour les besoins d'une anthologie de la poésie française à laquelle il travaillait, qui était en fait le motif de son retour en Europe. Comme il l'a bientôt appris, Mme Follain était la fille de Maurice Denis, et on voyait aux murs de son appartement de nombreux tableaux de son père. Elle devait avoir près de quatre-vingts ans, peut-être plus, et A. était impressionné par sa rudesse très parisienne, sa voix rocailleuse et son dévouement à l'œuvre de son mari.

L'un des tableaux portait un titre : *Madeleine à dix-huit mois*, que Denis avait inscrit en haut de la toile. C'était cette même Madeleine qui, devenue adulte, avait épousé Follain, et venait d'inviter A. à pénétrer chez elle. Pendant un moment, sans s'en rendre compte, elle est restée debout devant ce tableau peint près de quatre-vingts ans plus tôt et il est apparu à A., comme en un bond incroyable à travers les âges, que le visage de l'enfant sur la toile et celui de la vieille femme devant lui étaient exactement les mêmes. Il a ressenti alors, l'espace d'une seconde, l'impression d'avoir percé l'illusion du temps humain, de l'avoir connu pour ce qu'il est : rien de plus qu'un clin d'œil. Il avait vu devant lui une vie entière, télescopée en ce seul instant.

O. à A., au cours d'une conversation, décrivant l'impression que cela fait de devenir vieux. O. a maintenant plus de soixante-dix ans, sa mémoire se brouille, son visage est aussi ridé qu'une paume à demi fermée. Pince-sans-rire, il regarde A. en hochant la tête : "Etrange, ce qui peut arriver à un petit garçon !"

Oui, il est possible que nous ne grandissions pas, que même en vieillissant nous restions les enfants que nous avons été. Nous nous souvenons de nous-mêmes tels que nous étions alors, et ne nous sentons pas différents. C'est nous qui nous sommes faits tels que nous sommes aujourd'hui et, en dépit des années, nous demeurons ce que nous étions. A nos propres yeux, nous ne changeons pas. Le temps nous fait vieillir, mais nous ne changeons pas.

Le Livre de la mémoire. Livre onze.

Il se souvient de son retour chez lui après la réception qui avait suivi son mariage, en 1974, sa femme à ses côtés en robe blanche ; il prend la clef dans sa poche, la glisse dans la serrure et, au moment où son poignet pivote, il sent la clef se casser dans la serrure.

Il se souvient qu'au printemps 1966, peu de temps après sa rencontre avec sa future épouse, elle a cassé une des touches de son piano : le *fa* du milieu. Cet été-là, ils ont fait ensemble un voyage dans une région reculée du Maine. Un jour qu'ils se promenaient dans une ville presque abandonnée, ils sont entrés dans une ancienne salle de réunions qui n'avait plus été utilisée depuis des années. Des vestiges de la présence d'une association masculine étaient éparpillés çà et là : coiffures indiennes, listes de noms, les traces d'assemblées d'ivrognes. La salle était poussiéreuse et déserte, seul un piano droit demeurait dans un coin. Sa femme s'est mise à jouer (elle jouait bien) et s'est aperçue que toutes les touches fonctionnaient sauf une : le *fa* du milieu.

C'est peut-être à ce moment qu'il a compris que le monde continuerait toujours à lui échapper.

Si un romancier s'était servi de ces petits incidents, les touches de piano cassées ou la mésaventure du jour des noces (la clef perdue dans la porte), le lecteur serait obligé de les remarquer, de supposer que l'auteur avait essayé de démontrer quelque chose au sujet de ses personnages ou de l'univers. On pourrait parler de signification symbolique, ou de texte sous-jacent, ou de simples procédés formels (car dès qu'un fait se produit plus d'une fois, même si c'est arbitraire, un dessin s'ébauche, une forme surgit). Dans une œuvre de fiction, on admet l'existence, derrière les mots sur la page, d'une intelligence consciente. Rien de pareil en présence des événements du monde prétendu réel. Dans une histoire inventée, tout est chargé de signification, tandis que l'histoire des faits n'a que celle des faits eux-mêmes. Si quelqu'un vous annonce : "Je vais à Jérusalem", vous vous dites : Quelle chance il a, il va à Jérusalem. Mais qu'un personnage de roman prononce les mêmes paroles, "Je vais à Jérusalem", votre réaction est tout à fait différente.

Vous pensez, d'abord, à la ville : son histoire, son rôle religieux, sa fonction en tant que lieu mythique. Vous pouvez évoquer le passé, le présent (la politique ; ce qui revient aussi à penser au passé récent), et le futur – comme dans la phrase : "L'année prochaine à Jérusalem." En plus de tout cela, vous pouvez intégrer dans ces réflexions ce que vous savez déjà du personnage qui se rend à Jérusalem et, grâce à cette nouvelle synthèse, élaborer d'autres conclusions, raffiner votre compréhension de l'œuvre, et y penser, dans son ensemble, de manière plus cohérente. Et c'est alors, une fois l'ouvrage terminé, la dernière page lue et le livre refermé, que commence l'interprétation : psychologique, historique, sociologique, structurale, philologique, religieuse, sexuelle, philosophique, séparément ou en diverses combinaisons, selon votre tempérament. Bien qu'il soit possible d'interpréter une vie réelle à la lumière de n'importe lequel de ces systèmes (après tout, les gens consultent bien des prêtres et des psychiatres ; des gens tentent parfois de comprendre leur vie en termes de circonstances historiques), l'effet n'en est pas le même. Il manque quelque chose : la grandeur, la notion du général, l'illusion de la vérité métaphysique. On dit : Don Quichotte, c'est la raison qui s'égare dans l'imaginaire. Dans la réalité, si l'on regarde quelqu'un qui n'a pas sa raison (pour A., sa sœur schizophrène, par exemple) on ne dit rien. Peut-être : C'est triste une vie gâchée – rien de plus.

De temps en temps, A. se surprend à porter sur une œuvre d'art le même regard que sur la réalité. Lire ainsi l'imaginaire revient à le détruire. Il pense notamment à la description de l'opéra dans *Guerre et Paix*. Dans ce passage, rien n'est considéré comme allant de soi, et de ce fait tout est réduit à l'absurde. Tolstoï s'amuse de ce qu'il voit simplement en le décrivant. "Le décor du deuxième acte représentait des monuments funèbres ; un trou dans la toile figurait la lune ; on leva les abat-jour de la rampe, les trompettes et les contrebasses jouèrent en sourdine, tandis que de droite et de gauche s'avançait une foule de gens en robes noires. Ils se mirent à gesticuler, à brandir des objets qui ressemblaient à des poignards ; puis une autre troupe accourut dans le dessein d'emmener la jeune fille qu'on avait vue vêtue de blanc au premier acte et qui maintenant portait une robe bleue. Ils ne l'entraînèrent, d'ailleurs, pas tout de suite, mais chantèrent longtemps avec elle ; quand ils l'eurent enfin emmenée, un bruit métallique se fit par trois fois entendre dans la coulisse ; alors tous les acteurs tombèrent à genoux et entonnèrent une prière. Ces diverses scènes furent, à plusieurs reprises, interrompues par les cris enthousiastes des spectateurs."

A l'opposé, la tentation existe aussi, également forte, de regarder l'univers comme une extension de l'imaginaire. C'est déjà arrivé à A. mais il répugne à voir dans cette attitude une solution valable. Comme tout le monde, il a besoin que les choses aient un sens. Comme tout le monde, il mène une existence si fragmentée que s'il aperçoit une connexion entre deux fragments sa tentation est grande, chaque fois, de lui chercher une signification. La connexion existe. Mais lui donner un sens, chercher plus loin que le simple fait de son existence, reviendrait à construire un monde imaginaire à l'intérieur du monde réel, et il sait que cela ne tiendrait pas debout. Quand il en a le courage, il adopte pour principe initial l'absence de signification, et il comprend alors que son devoir est de regarder ce qui est devant lui (même si c'est également en lui) et de dire ce qu'il voit. Il est dans sa chambre, Varick Street. Sa vie ne signifie rien. Le livre qu'il est en train d'écrire ne signifie rien. Il y a le monde et ce qu'on y rencontre, et en parler, c'est être dans le monde. Une clef se brise dans une serrure, quelque chose s'est produit. C'est-à-dire qu'une clef s'est brisée dans une serrure. Le même piano paraît se trouver à deux endroits différents. Un jeune homme, vingt ans plus tard, se retrouve installé dans la même chambre où son père a été confronté à l'horreur de la solitude. Un homme rencontre la femme qu'il aime dans la rue d'une ville étrangère. Cela ne signifie que ce qui est. Rien de plus, rien de moins. Il écrit alors : Entrer dans cette chambre, c'est disparaître dans un lieu où se rencontrent le passé et le présent. Et il écrit alors : Comme dans la phrase : "Il a écrit le Livre de la mémoire dans cette chambre."

L'invention de la solitude.

Il voudrait dire. Comme : il veut dire. De même qu'en français, "vouloir dire" c'est, littéralement : avoir la volonté de dire, mais, en fait : signifier. Il veut dire (il pense) ce qu'il souhaite exprimer. Il veut dire (il souhaite exprimer) ce qu'il pense. Il dit ce qu'il désire exprimer. Il veut dire ce qu'il dit.

Vienne, 1919.

Pas de signification, soit. Mais il est impossible de prétendre que nous ne sommes pas hantés. Freud a qualifié d'"étranges" de telles expériences, ou *unheimlich* – le contraire de *heimlich*, qui signifie "familier", "naturel", "de la maison". Il implique donc que nous sommes éjectés de la coquille protectrice de nos perceptions habituelles, comme si nous nous trouvions soudain hors de nous-mêmes, à la dérive dans un monde que nous ne comprenons pas. Par définition, nous sommes perdus dans ce monde. Nous ne pouvons même pas espérer y retrouver notre chemin.

Freud affirme que chaque étape de notre développement coexiste avec toutes les autres. Même adultes, nous conservons au fond de nous la mémoire de la façon dont nous percevions l'univers quand nous étions enfants. Et pas seulement la mémoire : la structure elle-même en est intacte. Freud rattache l'expérience de l'"inquiétante étrangeté" à un retour de la perception égocentrique, animiste, de l'enfance. "Il semble que nous ayons tous, au cours de notre développement individuel, traversé une phase correspondant à cet animisme des primitifs, que chez aucun de nous elle n'ait pris fin sans laisser en nous des restes et des traces toujours capables de se réveiller, et que tout ce qui aujourd'hui nous semble étrangement inquiétant remplisse cette condition de se rattacher à ces restes d'activité psychique animiste et de les inciter à se manifester." Il conclut : "L'inquiétante étrangeté prend naissance dans la vie réelle lorsque des complexes infantiles *refoulés* sont ranimés par quelque impression extérieure, ou bien lorsque de primitives convictions *surmontées* semblent de nouveau être confirmées."

Tout ceci, bien entendu, n'explique rien. Au mieux, cela sert à décrire le processus, à reconnaître le terrain où il se situe. A ce titre, A. ne demande pas mieux que d'en admettre l'exactitude. Un déracinement, donc, qui rappelle un autre enracinement, très antérieur, de la conscience. De même qu'un rêve peut parfois résister à toute interprétation jusqu'à ce qu'un ami en suggère une explication simple, presque évidente, de même A. ne peut avancer aucun argument décisif pour ou contre la théorie de Freud, mais elle lui paraît juste et il est tout disposé à l'adopter. Toutes les coïncidences qui paraissent s'être multipliées autour de lui sont donc, d'une certaine manière, reliées à l'un de ses souvenirs d'enfance comme si, dès qu'il commence à se rappeler celle-ci, l'univers même retournait à un stade antérieur. Ceci lui paraît juste. Il se souvient de son enfance, et celle-ci lui est apparue dans le présent sous la forme de ces expériences. Il se souvient de son enfance, et celle-ci s'énonce pour lui dans le présent. Peut-être est-ce là ce qu'il veut dire lorsqu'il écrit : "L'absence de signification est le principe initial." Peut-être est-ce là ce qu'il veut dire lorsqu'il écrit : "Il pense ce qu'il dit." Peut-être est-ce là ce qu'il veut dire. Et peut-être pas. On ne peut être sûr de rien de tout ceci.

L'invention de la solitude. Histoires de vie et de mort.

L'histoire commence par la fin. Parle ou meurs. Et aussi longtemps que tu parleras, tu ne mourras pas. L'histoire commence par la mort. Le roi Shehryar a été cocufié : "Et ils ne mirent fin à leurs baisers, caresses, copulations et autres cajoleries qu'avec l'approche du jour." Il se retire du monde, jurant de ne jamais plus succomber à la traîtrise féminine. Par la suite il remonte sur le trône et assouvit ses désirs physiques en enlevant les femmes de son royaume. Une fois satisfait, il ordonne leur exécution. "Et il ne cessa d'agir de la sorte pendant la longueur de trois années, tant et si bien qu'il n'y avait plus dans le pays la moindre jeune fille à marier, et que toutes les femmes et les mères et les pères pleuraient et protestaient, maudissant le roi et se plaignant au Créateur du Ciel et de la Terre et appelant au secours Celui qui entend la prière et répond à ceux qui s'adressent à lui ; et ils s'enfuirent avec ce qu'il leur restait de filles. Et il ne resta dans la ville aucune fille en état de servir à l'assaut du monteur."

C'est à ce moment que Schéhérazade, la fille du vizir, offre de se rendre chez le roi. "Elle avait lu les livres, les annales, les légendes des rois anciens et les histoires des peuples passés. Et elle était fort éloquente et très agréable à écouter." Son père, désespéré, tente de la dissuader d'aller à cette mort certaine, mais elle ne se laisse pas fléchir. "Marie-moi avec ce Roi, car, ou je vivrai, ou je serai une rançon pour les filles des Musulmans et la cause de leur délivrance d'entre les mains du Roi !" Elle s'en va dormir avec le roi et met son plan à exécution : "… Raconter des histoires merveilleuses pour passer le temps de notre nuit… Ainsi je serai sauvée, le peuple sera débarrassé de cette calamité, et je détournerai le roi de cette coutume."

Le roi accepte de l'écouter. Elle commence à raconter, et ce qu'elle raconte est une histoire de contes, une histoire qui en contient d'autres dont chacune, à son tour, renferme une autre histoire – grâce à laquelle un homme est sauvé de la mort.

L'aube pointe, et à mi-chemin du premier conte-à-l'intérieur-du-conte, Schéhérazade se tait. "Ceci n'est rien en comparaison de ce que je raconterai la nuit prochaine, dit-elle, si le roi me laisse la vie." Et le roi songe : "Par Allah, je ne la tuerai pas avant d'avoir entendu la fin de l'histoire." Cela continue donc pendant trois nuits, et chaque nuit l'histoire s'arrête avant la fin et se poursuit au début de celle de la nuit suivante, et le premier cycle s'étant achevé de la sorte un nouveau est entamé. En vérité, c'est une question de vie et de mort. La première nuit, Schéhérazade commence avec *le Marchand et le Génie*. Un homme s'arrête pour manger son déjeuner dans un jardin (une oasis dans le désert), il jette un noyau de datte et voici qu'"'apparut devant lui un génie, grand de taille, qui, brandissant une épée, s'approcha du marchand et s'écria : «Lève-toi, que je te tue comme tu as tué mon enfant !» Et le marchand lui dit : «Comment ai-je tué ton enfant ?» Il lui dit : «Quand, les dattes mangées, tu jetas les noyaux, les noyaux vinrent frapper mon fils à la poitrine : alors c'en fut fait de lui ! Et il mourut à l'heure même.»"

Voici l'innocence coupable (ce qui rappelle le sort des jeunes filles à marier du royaume), et en même temps la naissance de l'enchantement – qui transforme une pensée en objet, donne la vie à l'invisible. Le marchand plaide sa cause, et le génie accepte de suspendre son exécution. Mais dans un an exactement, l'homme devra revenir au même endroit, où le génie accomplira la sentence. Un parallèle apparaît déjà avec la situation de Schéhérazade. Elle désire gagner du temps et, en suscitant cette idée dans l'esprit du roi, elle plaide sa propre cause – mais de telle manière que le roi ne s'en aperçoit pas. Car telle est la fonction du conte : amener l'auditeur, en lui suggérant autre chose, à voir ce qu'il a devant les yeux.

L'année s'écoule et le marchand, fidèle à sa parole, revient dans le jardin. Il s'assied sur le sol et se met à pleurer. Passe un vieillard qui tient une gazelle enchaînée ; il lui demande ce qui ne va pas. Fasciné par ce que lui narre le marchand (comme si la vie de ce dernier était un conte avec un début, un développement et une fin, une fiction concoctée par un autre cerveau – ce qui, en fait, est le cas), il décide d'attendre pour voir ce qui va se passer. Un autre vieillard arrive alors, avec deux grands chiens en laisse. La conversation est répétée et lui aussi s'assied pour attendre. Un troisième vieillard vient ensuite, menant une mule tachetée, et la même chose se passe à nouveau. Le génie apparaît enfin : "Un tourbillon de poussière se leva et une tempête souffla avec violence en s'approchant du milieu de la prairie." Au moment précis où il s'apprête à empoigner le marchand pour le frapper de son épée, "comme tu as tué mon enfant, le souffle de ma vie et le feu de mon cœur !", le premier vieillard s'avance et lui dit : "Si je te raconte mon histoire avec cette gazelle, et que tu sois émerveillé, en récompense tu me feras grâce du tiers du sang de ce marchand ?" Chose étonnante, le génie accepte, comme le roi a accepté d'écouter Schéhérazade : volontiers, sans hésitation.

Remarquez : le vieillard ne se propose pas de défendre le marchand comme on le ferait dans un tribunal, avec arguments, contre-arguments, présentation de preuves. Ce serait attirer l'attention du génie sur ce qu'il voit déjà : et là-dessus son parti est pris. Le vieillard désire plutôt le détourner des faits, le détourner de ses pensées de mort, et pour ce faire il le ravit (du latin *rapere*, littéralement : enlever, séduire), lui inspire un nouveau goût de vivre, qui à son tour le fera renoncer à son obsession vengeresse. Une telle obsession emmure un homme dans sa solitude. Il ne perçoit plus que ses propres pensées. Mais une histoire, dans la mesure où elle n'est pas un argument logique, brise ces murs. Car elle établit le principe de l'existence des autres et permet à celui qui l'écoute d'entrer en contact avec eux – ne fût-ce qu'en imagination.

Le vieillard se lance dans une histoire abracadabrante. La gazelle que vous avez devant vous, dit-il, est en réalité ma femme. Elle a partagé ma vie pendant trente ans, et de tout ce temps n'a pas réussi à me donner un fils. (Nouvelle allusion à l'enfant absent – mort ou à naître – qui renvoie le génie à son propre chagrin, mais obliquement, comme part d'un monde où la vie est l'égale de la mort.) "Aussi j'ai pris une concubine qui, avec la grâce d'Allah, me donna un enfant mâle beau comme la lune à son lever ; il avait des yeux magnifiques et des sourcils qui se rejoignaient et des membres parfaits…" Quand le garçon atteint l'âge de quinze ans, le vieillard se rend dans une autre ville (lui aussi est marchand) et son épouse, jalouse, profite de son absence pour user de magie et métamorphoser l'enfant et sa mère en une vache et son veau. "Ton esclave est morte et ton fils s'est enfui…", annonce-t-elle à son époux dès son retour. Après un an de deuil, on sacrifie la vache – à la suite des machinations de l'épouse. Mais un instant plus tard, quand l'homme s'apprête à abattre le veau, le cœur lui manque. "Et quand le veau me vit, il rompit son licol, courut à moi, et se roula à mes pieds ; quels gémissements et quels pleurs ! Alors j'eus pitié de lui et je dis au berger : «Apporte-moi une vache, et laisse celui-ci.» La fille du berger, versée elle aussi dans les arts de magie, découvre par la suite la vraie identité du veau. Après avoir obtenu du marchand les deux choses qu'elle souhaite (épouser le fils et ensorceler la femme jalouse, en l'enfermant sous l'apparence d'une gazelle – "sinon je ne serai jamais à l'abri de ses perfidies"), elle rend au jeune homme sa forme primitive. Et l'histoire ne s'arrête pas pour autant. L'épouse du fils, poursuit le vieillard, "est demeurée avec nous des jours et des nuits, des nuits et des jours, jusqu'à ce que Dieu la rappelle à lui ; et après sa mort, mon fils est parti en voyage vers le pays d'Ind, qui est le pays natal de ce marchand ; et au bout de quelque temps j'ai pris la gazelle et m'en suis allé avec elle d'un lieu à un autre, en quête de nouvelles de mon fils, jusqu'à ce que le hasard me guide dans ce jardin, où j'ai trouvé cet homme assis en train de pleurer ; telle est mon histoire." Le génie reconnaît que c'est une histoire merveilleuse et accorde au vieillard un tiers du sang du marchand.

L'un après l'autre, les deux autres vieillards proposent au génie le même marché, et commencent leurs contes de la même façon. "Ces deux chiens sont mes frères aînés", dit le deuxième. Et le troisième : "Cette mule était ma femme." Ces phrases d'ouverture contiennent l'essence du projet entier. Qu'est-ce que cela signifie, en effet, de regarder quelque chose, un objet réel dans le monde réel, un animal, par exemple, en affirmant que ce n'est pas ce que l'on voit ? Cela revient à dire que toute chose possède une double existence, à la fois dans le monde et dans nos pensées, et que refuser d'admettre l'une ou l'autre, c'est tuer la chose dans ses deux existences à la fois. Dans les histoires des trois vieillards, deux miroirs se font face, reflétant chacun la lumière de l'autre. L'un et l'autre sont des enchantements, le réel et l'imaginaire ensemble, et chacun existe en vertu de l'autre. Et il s'agit, véritablement, d'une question de vie ou de mort. Le premier vieillard est arrivé dans le jardin à la recherche de son fils ; le génie y est venu pour tuer le meurtrier involontaire du sien. Ce que le vieux lui explique, c'est que nos fils sont toujours invisibles. C'est la plus simple des vérités : une vie n'appartient qu'à celui qui la vit ; la vie elle-même revendiquera les vivants ; vivre, c'est laisser vivre. Et à la fin, grâce à ces histoires, le marchand sera épargné.

C'est ainsi que commencent *les Mille et Une Nuits*. A la fin, quand la chronique entière s'est déroulée, histoire après histoire après histoire, elle a un résultat spécifique, chargé de toute l'inaltérable gravité d'un miracle. Schéhérazade a eu du roi trois fils. Une fois de plus, la leçon est claire. Une voix qui parle, une voix de femme qui parle, qui raconte des histoires de vie et de mort, a le pouvoir de donner la vie.

"«O Roi, oserais-je te demander une faveur ?»"

"«Demande, ô Schéhérazade, elle te sera accordée.»"

"Alors elle appela les gouvernantes et les eunuques et leur dit : «Apportez-moi mes enfants.»"

"Et ils les lui apportèrent en hâte, et c'étaient trois enfants mâles, l'un marchait, l'autre rampait, et le troisième était à la mamelle. Elle les prit, les posa devant le roi, et baisa le sol en disant : «O Roi des temps, voici tes enfants et je te supplie de me délier de la malédiction de la mort, à cause de ces petits.»"

En entendant ces mots, le roi se met à pleurer. Il prend les trois garçons dans ses bras et déclare son amour à Schéhérazade.

"Alors ils décorèrent la ville de manière splendide, jamais on n'en avait vu la pareille, et les tambours battirent et les flûtes jouèrent, et tous les mimes, les charlatans et les comédiens déployèrent leurs talents et le roi leur distribua en abondance ses cadeaux et ses largesses. Il donna aussi des aumônes aux pauvres et aux nécessiteux et sa bonté s'étendit à tous ses sujets et à tous les peuples de son royaume."

Texte miroir.

Si la voix d'une femme qui raconte des histoires a le pouvoir de mettre des enfants au monde, il est vrai aussi qu'un enfant peut donner vie à des contes. On dit qu'un homme deviendrait fou s'il ne pouvait rêver la nuit. De même, si on ne permet pas à un enfant de pénétrer dans l'imaginaire, il ne pourra jamais affronter le réel. Les contes répondent dans l'enfance à un besoin aussi fondamental que la nourriture, et qui se manifeste de la même façon que la faim. Raconte-moi une histoire, demande l'enfant. Raconte-moi une histoire. Raconte-moi une histoire, s'il te plaît, papa. Le père s'assied alors pour raconter une histoire à son fils. Ou bien il s'allonge auprès de lui dans l'obscurité, à deux dans le lit de l'enfant, et il commence à parler comme s'il ne restait rien au monde que sa voix dans l'obscurité en train de raconter une histoire à son fils. C'est souvent un conte de fées, ou une aventure. Mais souvent aussi ce n'est qu'une simple incursion dans l'imaginaire. Il y avait une fois un petit garçon qui s'appelait Daniel, raconte A. à son fils qui s'appelle Daniel, et ces histoires dont l'enfant lui-même est le héros sont peut-être pour lui les plus gratifiantes de toutes. De la même façon, A. le comprend, dans sa chambre, en rédigeant le Livre de la mémoire, il parle de lui-même comme d'un autre dans le but de raconter sa propre histoire. Il faut qu'il s'efface afin de se trouver. Il dit donc A., même quand il pense Je. Car l'histoire de la mémoire est celle du regard. Même si les objets de ce regard ont disparu, c'est une histoire de regard. La voix poursuit donc. Et même quand l'enfant ferme les yeux et s'endort, la voix du père continue à parler dans l'obscurité.

Le Livre de la mémoire. Livre douze.

Il ne peut aller plus loin. Des enfants ont souffert par le fait d'adultes, sans aucune raison. Des enfants ont été abandonnés, affamés, assassinés, sans aucune raison. Il se rend compte qu'il est impossible d'aller plus loin.

"Mais les enfants, les enfants, dit Ivan Karamazov, comment justifier leur souffrance ?" Et encore : "Je désire pardonner et me réconcilier, je souhaite qu'il n'y ait plus de souffrance dans l'univers. Si les larmes des enfants sont indispensables pour parfaire la somme de douleur qui sert de rançon à la vérité, j'affirme catégoriquement que celle-ci ne mérite pas d'être payée d'un tel prix !"

Chaque jour, sans le moindre effort, il s'y retrouve confronté. C'est l'époque de l'effondrement du Cambodge et tous les jours il se retrouve en face de cela, dans la presse, avec les inévitables images de mort : les enfants émaciés, les adultes au regard vide. Jim Harrison, par exemple, un ingénieur d'Oxfam, note dans son journal : "Visité une petite clinique au km 7. Manque absolu de médicaments – cas graves de sous-alimentation – manifestement ils meurent faute de nourriture… Des centaines d'enfants, tous atteints de marasme

– beaucoup de maladies de peau, nombreux cas de calvitie ou de décoloration des cheveux, une grande peur dans toute la population." Ou, plus loin, la description de ce dont il a été témoin le 7 janvier à l'hôpital de Phnom Penh : "… Des conditions terribles – des enfants alités dans des haillons crasseux, mourant de dénutrition – pas de médicaments – rien à manger… L'effet conjugué de la tuberculose et de la famine donne aux gens l'air d'internés de Bergen-Belsen. Dans une salle, un enfant de treize ans lié à son lit, parce qu'il est en train de devenir fou – beaucoup d'enfants sont orphelins ou ne trouvent plus leur famille – et de nombreuses personnes sont agitées de spasmes ou de tics nerveux. Dans les bras d'une petite fille de cinq ans, son petit frère de dix-huit mois, le visage ravagé par ce qui paraît être une infection de la peau, la chair attaquée par un kwashiorkor aigu, les yeux pleins de pus… Je trouve ce genre de chose très dure à encaisser – et des centaines de Cambodgiens doivent aujourd'hui se trouver dans une situation comparable."

Deux semaines avant de lire ces lignes, A. est allé dîner avec une de ses amies, P., écrivain et rédactrice dans un grand hebdomadaire d'information. Il se trouve qu'elle était responsable pour son journal de "l'histoire du Cambodge". Elle avait eu sous les yeux presque tout ce qui a été écrit à propos de la situation là-bas dans la presse américaine et étrangère et elle a raconté à A. une histoire rapportée pour un journal de Caroline du Nord par un médecin américain – volontaire dans un des camps de réfugiés au-delà de la frontière thaïlandaise. Il s'agissait de la visite dans ces camps de l'épouse du président des Etats-Unis, Rosalynn Carter. A. se souvenait des photographies qui avaient été publiées dans les journaux et les magazines (la "première dame" embrassant un petit Cambodgien, la "première dame" en conversation avec les médecins), et en dépit de tout ce qu'il savait quant à la responsabilité des Etats-Unis dans l'existence même de la situation que Mme Carter était venue dénoncer, ces images l'avaient ému. Or le camp que Mme Carter avait visité était celui où travaillait ce médecin américain. L'hôpital n'y était qu'une installation de fortune, un toit de chaume soutenu par quelques poutres, où les patients étaient installés sur des nattes à même le sol. L'épouse du président était arrivée, suivie d'un essaim d'officiels, de reporters et de cameramen. Ils étaient trop nombreux et au passage de leur troupe il y avait eu des mains écrasées sous les lourdes chaussures occidentales, des installations de perfusion débranchées, des coups de pied assenés par inadvertance. Aurait-on pu, ou non, éviter ce désordre ? Toujours est-il que, leur inspection terminée, le médecin américain a lancé un appel à ces visiteurs : S'il vous plaît, a-t-il déclaré, certains d'entre vous pourraient-ils prendre le temps de faire don d'un peu de sang à l'hôpital ; même le sang du plus valide des Cambodgiens est trop pauvre pour nous être de la moindre utilité ; nos réserves sont épuisées. Mais le programme de la "première dame" était minuté. Il lui fallait aller en d'autres lieux, ce jour-là, voir la souffrance d'autres gens. Nous n'avons plus le temps, disaient-ils. Désolés. Tout à fait désolés. Et ils sont partis aussi abruptement qu'ils étaient arrivés.

Par *ce* que le monde est monstrueux. Par *ce* que le monde ne peut mener un homme qu'au désespoir, un désespoir si total, si absolu, que rien n'ouvrira la porte de cette prison, l'absence de toute espérance, A. s'efforce de regarder à travers les barreaux de sa cellule et découvre une pensée, une seule, qui le console quelque peu : l'image de son fils. Et pas uniquement son fils, mais un fils, une fille, nés de n'importe quel homme ou de n'importe quelle femme.

Par *ce* que le monde est monstrueux. Par *ce* qu'il ne paraît proposer aucun espoir d'avenir, A. regarde son fils et comprend qu'il ne doit pas se laisser aller au désespoir. Il y a la responsabilité de ce petit être, et par *ce* qu'il l'a engendré, il ne doit pas désespérer. Minute par minute, heure par heure, lorsqu'il demeure en présence de son fils, attentif à ses besoins, dévoué à cette jeune vie qui constitue une injonction permanente à demeurer dans le présent, il sent s'évanouir son désespoir. Et même si celui-ci persiste, il ne se l'autorise plus.

C'est pourquoi l'idée de la souffrance d'un enfant lui paraît monstrueuse. Plus monstrueuse encore que la monstruosité du monde lui-même.

Car elle prive le monde de sa seule consolation, et par *ce* qu'un monde dépourvu de consolation est imaginable, elle est monstrueuse.

Il ne peut aller plus loin.

Voici le commencement. Il est seul, planté au milieu d'une pièce vide, et il se met à pleurer. "Je ne puis affronter cette idée." "L'apparence d'internés de Bergen-Belsen", comme le note l'ingénieur, au Cambodge. Et, oui, c'est là qu'Anne Frank est morte.

"Il est très étonnant, écrit-elle, trois semaines avant son arrestation, que je n'aie pas abandonné tous mes espoirs, car ils me paraissent absurdes et irréalisables... Je vois le monde transformé de plus en plus en désert, j'entends, toujours plus fort, le grondement du tonnerre qui approche, et qui annonce probablement notre mort ; je compatis à la douleur de millions de gens, et pourtant, quand je regarde le ciel, je pense que ça changera, que tout redeviendra bon, que même ces jours impitoyables prendront fin..."

Non, il ne veut pas dire que c'est la seule chose. Il ne prétend même pas affirmer qu'on peut la comprendre, qu'on peut, à force d'en parler et d'en reparler, y découvrir une signification. Non, ce n'est pas la seule chose et, pour certains sinon pour la plupart, la vie continue néanmoins. Et pourtant, parce qu'à jamais cela dépasse l'entendement, il veut que cela reste pour lui ce qui vient toujours avant le commencement. Comme dans ces phrases : "Voici le commencement. Il est seul, planté au milieu d'une pièce vide, et il se met à pleurer."

Retour au ventre de la baleine.

"La parole de Iahvé fut adressée à Jonas... en ces termes : Lève-toi, va à Ninive, la grande ville, et prêche contre elle..."

Par ce commandement aussi, l'histoire de Jonas se distingue de celles de tous les autres prophètes. Car les gens de Ninive ne sont pas juifs. A la différence des autres messagers de la parole divine, Jonas n'est pas chargé de s'adresser à son propre peuple, mais à des étrangers. Pis encore, à des ennemis de son peuple. Ninive était la capitale de l'Assyrie, le plus puissant empire du monde de ce temps. Selon Nahum (dont les prophéties ont été consignées sur les mêmes manuscrits que l'histoire de Jonas) : "La cité sanglante... pleine de mensonges et de rapine."

"Lève-toi, va à Ninive", ordonne Dieu à Jonas. Ninive est à l'est. Jonas part aussitôt vers l'ouest, à Tharsis (Tartessus, à l'extrême pointe de l'Espagne). Non content de s'enfuir, il va aux limites du monde connu. Il n'est pas difficile de comprendre son attitude. Imaginez un cas analogue : un juif obligé de se rendre en Allemagne pendant la Deuxième Guerre mondiale et de prêcher contre le national-socialisme. L'idée même en est inconcevable.

Dès le IIᵉ siècle, un commentateur rabbinique a suggéré que Jonas avait pris le bateau dans le but de se noyer dans la mer pour le salut d'Israël, et non d'échapper à la présence divine. C'est une lecture politique du livre, et les exégètes chrétiens ont eu vite fait de la retourner contre les juifs. Théodore de Mopsueste, par exemple, affirme que Jonas a été envoyé à Ninive parce que les juifs refusaient d'écouter les prophètes, et que le Livre de Jonas a été conçu comme une leçon pour ces "gens à la nuque raide". De son côté, Rupert de Deutz, un autre de ces exégètes (XIIᵉ siècle), soutient que Jonas a refusé par dévouement envers son peuple la mission qui lui était assignée, et que c'est la raison pour laquelle Dieu ne lui en a pas vraiment tenu rigueur. Cette opinion fait écho à celle du rabbin Akiba lui-même, qui a déclaré que "Jonas est jaloux de la gloire du fils (Israël) mais non de celle du père (Dieu)".

Jonas finit néanmoins par accepter de se rendre à Ninive. Mais aussitôt qu'il a délivré son message, aussitôt que les gens de Ninive, repentis, ont retrouvé le droit chemin, aussitôt que Dieu leur a pardonné, nous apprenons que "Jonas en éprouva un vif chagrin, et il fut irrité". Sa colère est patriotique. Pourquoi les ennemis d'Israël seraient-ils épargnés ? C'est alors qu'il reçoit la leçon contenue dans ce livre – dans la parabole du ricin.

"Fais-tu bien d'être irrité ?" demande Dieu. Jonas se retire alors dans les parages de Ninive, "jusqu'à ce qu'il vît ce qui arriverait dans la ville" – ce qui implique qu'il pense avoir encore une chance de la voir détruite, ou l'espoir que ses habitants vont retomber dans leur péché et s'attirer un châtiment. Dieu fait alors pousser un ricin pour le protéger du soleil, et "Jonas éprouva une grande joie à cause du ricin". Mais le lendemain matin, la plante s'est étiolée, il fait un violent vent d'est, un soleil implacable, et "il défaillit. Il demanda à mourir et dit : La mort vaut mieux pour moi que la vie" – les mots mêmes qu'il a prononcés au début, ce qui indique que le message de cette parabole est le même que dans la première partie du livre. "Et Dieu dit à Jonas : Fais-tu bien de t'irriter à cause du ricin ? Et il répondit : Je fais bien de m'irriter jusqu'à la mort. Et Iahvé dit : Tu t'affliges au sujet du ricin pour lequel tu n'as pas travaillé et que tu n'as pas fait croître ; et moi je ne m'affligerais pas au sujet de Ninive, la grande ville, dans laquelle il y a plus de cent vingt mille hommes qui ne distinguent pas leur droite de leur gauche, et des animaux en grand nombre ?"

Ces pécheurs, ces païens – et jusqu'aux bêtes qui leur appartiennent – sont aussi bien que les Hébreux des créatures de Dieu. Voici une notion surprenante et originale, surtout si l'on considère de quand date cette histoire – le VIIIe siècle avant J.-C. (l'époque d'Héraclite). Mais c'est en somme l'essence même de l'enseignement que les rabbins ont à dispenser. S'il doit y avoir une justice, il faut qu'elle existe pour tous. Nul n'en peut être exclu, ou il ne s'agit plus de justice. On ne peut éluder cette conclusion. Etrange et parfois comique, le minuscule Livre de Jonas occupe une place centrale dans la liturgie : on le lit chaque année dans les synagogues à l'occasion de la fête du Yom Kippour, le jour du Grand Pardon, la plus grande solennité du calendrier juif. En effet, comme on l'a déjà noté, toute chose est en relation avec toutes les autres. Et s'il y a tout, il s'ensuit qu'il y a tout le monde. Il n'oublie pas les derniers mots de Jonas : "Je fais bien de m'irriter jusqu'à la mort." Et il s'aperçoit, cependant, qu'il est en train d'écrire ces mots sur la page devant lui. S'il y a tout, il s'ensuit qu'il y a tout le monde.

Les mots riment, et même s'ils n'ont pas un réel rapport entre eux, il ne peut s'empêcher de les associer. *Room* et *tomb*, *tomb* et *womb*, *womb* et *tomb*. *Breath* et *death*. Ou le fait qu'avec les lettres du mot *live* on peut épeler *evil**. Il sait que ce n'est là qu'un amusement d'écolier. Mais en écrivant le mot "écolier", il se rappelle ses huit ou neuf ans, et le sentiment de puissance qu'il a éprouvé quand il s'est aperçu qu'on pouvait jouer

*. *Room* : chambre ; *tomb* : tombeau ; *womb* : le sein (ventre) maternel ; *breath* : le souffle ; *death* : la mort ; *live* : vivre ; *evil* : le mal. *(N.d.T.)*

ainsi avec les mots – comme s'il avait découvert une voie secrète vers la vérité : la vérité absolue, universelle et incontestable cachée au cœur de l'univers. Plein d'un enthousiasme juvénile, il avait bien entendu négligé de prendre en compte l'existence d'autres langues que l'anglais, de toutes les langues bourdonnantes qui se disputaient cette tour de Babel, le monde au-delà de sa vie d'écolier. Et comment se pourrait-il que la vérité absolue et incontestable varie d'un langage à un autre ?

Mais on ne peut ignorer tout à fait le pouvoir de la rime et des métamorphoses du verbe. L'impression de merveilleux demeure, même si on ne peut la confondre avec une quête de la vérité, et cette magie, cette correspondance entre les mots existent dans toutes les langues, quelles que soient les différences dans leurs combinaisons particulières. On trouve au cœur de chaque langue un réseau de rimes, d'assonances et de chevauchements des significations, et chacune de ces occurrences joue en quelque sorte le rôle d'un pont entre des aspects opposés ou contrastés de l'univers. Le langage, donc, non seulement comme une liste d'objets distincts dont la somme totale équivaut à l'univers, mais plutôt tel qu'il s'organise dans le dictionnaire : un corps infiniment complexe, dont tous les éléments – nerfs et cellules, corpuscules et os, extrémités et fluides – sont simultanément présents dans le monde, où nul ne peut exister par lui-même. Puisque chaque mot est défini à l'aide d'autres mots, ce qui signifie que pénétrer n'importe quelle partie du langage c'est le pénétrer tout entier. Le langage, donc, en tant que monadologie, pour reprendre l'expression de Leibniz. ("Car comme tout est plein, ce qui rend toute matière liée, et comme dans le plein tout mouvement fait quelque effet sur les corps distants à mesure de la distance, de sorte que chaque corps est affecté non seulement par ceux qui le touchent, et se ressent en quelque façon de tout ce qui leur arrive, mais aussi par leur moyen se ressent de ceux qui touchent les premiers dont il est touché immédiatement : il s'ensuit que cette communication va à quelque distance que ce soit. Et par conséquent tout corps se ressent de tout ce qui se fait dans l'univers, tellement que celui qui voit tout pourrait lire dans chacun ce qui se fait partout, et même ce qui s'est fait ou se fera, en remarquant dans le présent ce qui est éloigné tant selon les temps que selon les lieux… Mais une âme ne peut lire en elle-même que ce qui y est représenté distinctement ; elle ne saurait développer tout d'un coup ses replis, car ils vont à l'infini.")

Jouer avec les mots comme le faisait A. dans son enfance revenait donc moins à rechercher la vérité que l'univers, tel qu'il apparaît dans le langage. Le langage n'est pas la vérité. Il est notre manière d'exister dans l'univers. Jouer avec les mots c'est simplement examiner les modes de fonctionnement de l'esprit, refléter une particule de l'univers telle que l'esprit la perçoit. De même, l'univers n'est pas seulement la somme de ce qu'il contient. Il est le réseau infiniment complexe des relations entre les choses. De même que les mots, les choses ne prennent un sens que les unes par rapport aux autres. "Deux visages semblables, écrit Pascal, dont aucun ne fait rire en particulier, font rire ensemble par leur ressemblance." Ces visages riment pour l'œil, juste comme deux mots peuvent rimer pour l'oreille. Poussant un peu plus loin, A. irait jusqu'à soutenir que les événements d'une vie peuvent aussi rimer entre eux. Un jeune homme loue une chambre à Paris et puis découvre que son père s'est caché dans la même chambre pendant la guerre. Si l'on considère séparément ces deux faits, il n'y a pas grand-chose à en dire. Mais la rime qu'ils produisent quand on les voit ensemble modifie la réalité de chacun d'eux. De même que deux objets matériels, si on les rapproche l'un de l'autre, dégagent des forces électromagnétiques qui affectent non seulement la structure moléculaire de chacun mais aussi l'espace entre eux, modifiant, pourrait-on dire, jusqu'à l'environnement, ainsi la rime advenue entre deux (ou plusieurs) événements établit un contact dans l'univers, une synapse de plus à acheminer dans le grand plein de l'expérience.

De telles connexions sont monnaie courante en littérature (pour revenir à cette idée) mais on a tendance à ne pas les voir dans la réalité – car celle-ci est trop vaste et nos vies sont trop étriquées. Ce n'est qu'en ces rares instants où on a la chance d'apercevoir une rime dans l'univers que l'esprit peut s'évader de lui-même, jeter comme une passerelle à travers le temps et l'espace, le regard et la mémoire. Mais il ne s'agit pas seulement de rime. La grammaire de l'existence comporte tous les aspects du langage : comparaison, métaphore, métonymie, synecdoque – de sorte que tout ce que l'on peut rencontrer dans le monde est en réalité multiple et cède à son tour la place à de multiples autres choses, cela dépend de ce dont celles-ci sont proches, ou éloignées, ou de ce qui les contient.

Il arrive souvent aussi que le deuxième terme d'une comparaison manque. Il peut avoir été oublié, ou enfoui dans l'inconscient, être pour une raison quelconque indisponible. "Il en est ainsi de notre passé, écrit Proust dans un passage important de son roman. C'est peine perdue que nous cherchions à l'évoquer, tous les efforts de notre intelligence sont inutiles. Il est caché hors de son domaine et de sa portée, en quelque objet matériel (en la sensation que nous donnerait cet objet matériel) que nous ne soupçonnons pas. Cet objet, il dépend du hasard que nous le rencontrions avant de mourir, ou que nous ne le rencontrions pas." Tout le monde a fait d'une manière ou d'une autre l'expérience de ces étranges sensations de perte de mémoire, de l'effet mystifiant du terme manquant. En entrant dans cette pièce, dira-t-on, j'ai eu l'impression bizarre d'y être déjà venu, bien que je n'arrive pas à m'en souvenir. Comme dans les expériences de Pavlov sur les chiens (qui démontrent, au niveau le plus simple, de quelle manière le cerveau peut établir une relation entre deux objets différents, oublier au bout de quelque temps le premier et, par conséquent, transformer un objet en un autre), il s'est passé quelque chose, même si nous sommes bien en peine de dire quoi. Ce que A. s'efforce d'exprimer, c'est peut-être que depuis quelque temps aucun des termes ne lui fait défaut. Où que s'arrêtent son regard ou sa pensée, il semble qu'il découvre une nouvelle connexion, une autre passerelle vers un autre lieu, et même dans la solitude de sa chambre le monde se précipite sur lui à une vitesse vertigineuse, comme si soudain tout convergeait vers lui, comme si tout lui arrivait en même temps. Coïncidence : ce qui survient avec. Ce qui occupe le même point dans le temps ou l'espace. L'esprit, donc, en tant que ce qui contient plus que soi-même. Comme dans la phrase de saint Augustin : "Alors où reflue ce qu'il ne peut contenir de lui ?"

Second retour dans le ventre de la baleine.

"Quand il revint de son effroi, le pantin n'arrivait pas à savoir dans quel monde il se trouvait. Autour de lui régnait de toutes parts une grande obscurité ; une obscurité si noire et si profonde qu'il lui semblait être entré tout entier dans un encrier rempli d'encre."

Telle est la description par Collodi de l'arrivée de Pinocchio à l'intérieur du requin. Il aurait pu écrire, comme on le fait d'ordinaire, "des ténèbres aussi noires que l'encre" – poncif aussitôt oublié que lu. Mais ce qui se passe ici est très différent, et transcende la question du bien ou mal écrire (et ceci n'est manifestement pas mal écrit). Remarquez bien : Collodi n'utilise dans ce passage aucune comparaison ; pas de "comme si", pas de "tel", rien qui identifie ou oppose une chose à une autre. L'image d'obscurité absolue cède à l'instant la place à celle d'un encrier. Pinocchio vient de pénétrer dans le ventre du requin. Il ignore encore que Geppetto s'y trouve aussi. Pendant ce bref instant au moins, tout est perdu. Pinocchio est entouré des ténèbres de la solitude. Et c'est au cœur de ces ténèbres, où le pantin finira par trouver le courage de sauver son père et achèvera ainsi sa transformation en vrai garçon, que se produit l'acte créateur essentiel du récit.

En plongeant sa marionnette dans l'obscurité du requin, Collodi nous le dit, il plonge sa plume dans le noir de son encrier. Pinocchio, après tout, n'est fait que de bois. Collodi l'utilise comme un instrument (littéralement : un porte-plume) pour écrire sa propre histoire. Ceci sans nulle complaisance pour une psychologie primaire. Collodi n'aurait pu réussir ce qu'il a entrepris avec Pinocchio si le livre n'avait été pour lui un livre de mémoire. Agé de plus de cinquante ans quand il a commencé à l'écrire, il venait de prendre sa retraite après une médiocre carrière de fonctionnaire, au cours de laquelle il ne s'était fait remarquer, selon son neveu, "ni par le zèle, ni par la ponctualité, ni par la discipline". Autant que le roman de Proust, son récit est une quête de son enfance perdue. Même le pseudonyme qu'il s'est choisi évoque son passé. Il s'appelait en vérité Carlo Lorenzini. Collodi était le nom d'une petite ville où sa mère était née et où il avait passé ses vacances durant sa petite enfance. On dispose de quelques informations sur cette enfance. Il aimait raconter des histoires et ses amis admiraient sa capacité de les fasciner par ses inventions. D'après son frère Ippolito, "il contait si bien et avec des mimiques si expressives que la moitié du monde y prenait plaisir et que les enfants l'écoutaient bouche bée". Dans un sketch autobiographique écrit à la fin de sa vie, longtemps après l'achèvement de Pinocchio, Collodi laisse peu de doute sur le fait qu'il se voyait comme le double du pantin. Il se décrit comme un clown espiègle – qui mange des cerises en classe et fourre les noyaux dans la poche d'un condisciple, qui attrape des mouches et les met dans l'oreille d'un autre, qui peint des silhouettes sur les vêtements du garçon placé devant lui : il sème la pagaille générale. Que ce soit vrai ou non, là n'est pas la question. Pinocchio est devenu le substitut de Collodi et, après avoir inventé le pantin, Collodi s'est reconnu en lui. La marionnette était devenue l'image de lui-même enfant. La plonger dans l'encrier était donc faire usage de sa créature pour écrire sa propre histoire. Car ce n'est que dans l'obscurité de la solitude que commence le travail de la mémoire.

Epigraphe(s) possible(s) pour le Livre de la mémoire.

"Ne devrions-nous pas rechercher, chez l'enfant déjà, les premières traces de l'activité poétique ' L'occupation préférée et la plus intensive de l'enfant est le jeu. Peut-être sommes-nous en droit de dire que tout enfant qui joue se comporte en poète, en tant qu'il se crée un monde à lui, ou, plus exactement, qu'il transpose les choses du monde où il vit dans un ordre nouveau tout à sa convenance. Il serait alors injuste de dire qu'il ne prend pas ce monde au sérieux ; tout au contraire, il prend très au sérieux son jeu, il y emploie de grandes quantités d'affect." (Freud.)

"N'oubliez pas que la façon, peut-être surprenante, dont j'ai souligné l'importance des souvenirs d'enfance dans la vie des créateurs découle en dernier lieu de l'hypothèse d'après laquelle l'œuvre littéraire, tout comme le rêve diurne, serait une continuation et un substitut du jeu enfantin d'autrefois." (Freud.)

Il observe son fils. Il regarde le petit garçon circuler dans la pièce et écoute ce qu'il dit. Il le voit jouer avec ses jouets et l'entend se parler à lui-même. Chaque fois que l'enfant ramasse un objet, pousse un camion sur le plancher ou ajoute un bloc de plus à la tour qui grandit sous ses yeux, il parle de ce qu'il est en train de faire, à la manière du narrateur dans un film, ou bien il invente une histoire pour accompagner l'action qu'il a engagée. Chaque mouvement engendre un mot ou une série de mots ; chaque mot déclenche un autre mouvement : un revirement, un prolongement, une série nouvelle de mouvements et de mots. Tout cela n'a pas de centre fixe ("un univers dans lequel le centre est partout, la circonférence nulle part") sauf peut-être la conscience de l'enfant, elle-même le champ en modification constante de perceptions, de souvenirs et de formulations. Il n'est pas de loi naturelle qui ne puisse être enfreinte : les camions volent, un bloc devient un personnage, les morts ressuscitent à volonté. L'esprit enfantin navigue sans hésitation d'un objet à un autre. Regarde, dit-il, mon brocoli est un arbre. Regarde, mes pommes de terre sont des nuages. Regarde le nuage, c'est un bonhomme. Ou bien, au contact des aliments sur sa langue, levant les yeux, avec un éclair malicieux : "Tu sais comment Pinocchio et son père ont échappé au requin ?" Une pause, pour laisser descendre la question. Puis, chuchoté : "Ils ont marché doucement tout le long de sa langue sur la pointe des pieds."

A. a parfois l'impression que les démarches mentales de son fils en train de jouer sont l'image exacte de sa propre progression dans le labyrinthe de son livre. Il a même imaginé que s'il arrivait à représenter par un diagramme les jeux de son fils (une description exhaustive, mentionnant chaque déplacement, chaque association, chaque geste) et son livre par un autre, similaire (en élucidant ce qui se passe entre les mots, dans les interstices de la syntaxe, dans les blancs entre les paragraphes – en d'autres termes, en démêlant l'écheveau des connexions), les deux diagrammes seraient identiques : ils se superposeraient parfaitement.

Depuis qu'il travaille au Livre de la mémoire, il éprouve un plaisir particulier à observer l'enfant face à ses souvenirs. Comme tous ceux qui ne savent pas encore lire ni écrire, celui-ci a une mémoire prodigieuse. Il a une capacité quasi infinie d'observer les détails, de remarquer les objets dans leur singularité. L'écriture nous dispense de la nécessité d'exercer notre mémoire, puisque les souvenirs sont engrangés dans les mots. Mais la mémoire de l'enfant, qui se trouve à un stade antérieur à l'apparition de l'écrit, fonctionne de la manière qu'eût préconisée Cicéron, la même qu'utilisent nombre d'écrivains classiques : l'image associée au lieu. Un jour, par exemple (et ceci n'est qu'un exemple, choisi parmi une myriade de possibilités), A. et son fils marchaient dans la rue. Ils ont rencontré devant une pizzeria un camarade de jardin d'enfants du petit garçon, accompagné de son père. Le fils de A. était ravi de voir son ami, mais celui-ci paraissait intimidé. Dis bonjour, Kenny, insistait son père, et l'enfant, rassemblant son courage, avait salué faiblement. A. et son fils avaient alors continué leur chemin. Trois ou quatre mois plus tard, comme ils passaient ensemble à ce même endroit, A. a soudain entendu son fils murmurer pour lui-même, d'une voix à peine audible : Dis bonjour, Kenny, dis bonjour. Il est apparu à A. que si, dans un sens, le monde marque nos esprits de son empreinte, il est vrai aussi que nos expériences laissent une trace dans le monde. Pendant ce bref instant, en passant devant la pizzeria, l'enfant avait revu son passé. Le passé, pour reprendre les mots de Proust, est caché dans quelque objet matériel. Errer de par le monde, c'est donc aussi errer en nous-mêmes. Ce qui revient à dire qu'aussitôt entrés dans le champ de la mémoire, nous pénétrons dans l'univers.

C'est un monde perdu. A. se rend compte avec un choc que c'est un monde perdu pour toujours. Le petit garçon oubliera tout ce qui lui est arrivé jusqu'ici. Il n'en restera rien qu'une vague lueur, peut-être moins encore. Les milliers d'heures que A. lui a consacrées pendant les trois premières années de sa vie, les millions de mots qu'il lui a dits, les livres qu'il lui a lus, les repas qu'il lui a préparés, les larmes qu'il lui a essuyées – tout cela disparaîtra à jamais de la mémoire de l'enfant.

Le Livre de la mémoire. Livre treize.
Il se souvient qu'il s'était rebaptisé John, parce que tous les cow-boys s'appellent John, et qu'il refusait de répondre à sa mère lorsqu'elle s'adressait à lui sous son vrai nom. Il se souvient d'être sorti de chez lui en courant et de s'être couché au milieu

de la route, les yeux fermés, pour attendre qu'une voiture l'écrase. Il se souvient que son grand-père lui avait donné une grande photographie de Gabby Hayes et qu'il l'avait mise à la place d'honneur au-dessus de son bureau. Il se rappelle avoir cru que le monde est plat. Il se revoit en train d'apprendre à lacer ses chaussures. Il se souvient que les vêtements de son père étaient rangés dans l'armoire de sa chambre et qu'il était réveillé le matin par le cliquetis des cintres. Il revoit son père qui lui dit, tout en nouant sa cravate : Lève-toi et brille, petit homme. Il se souvient qu'il aurait voulu être un écureuil, parce qu'il aurait aimé être aussi léger qu'un écureuil et avoir une queue touffue et pouvoir sauter d'arbre en arbre comme s'il volait. A la naissance de sa sœur, il se rappelle avoir vu, entre les lames du store vénitien, le bébé qui arrivait de l'hôpital dans les bras de sa mère. Il se souvient de la nurse tout en blanc qui s'occupait de la petite fille ; elle le régalait de carrés de chocolat suisse, et il se souvient qu'elle disait "suisse" et qu'il ne savait pas ce que cela signifiait. Il se revoit, au lit, dans le crépuscule du plein été, en train de regarder l'arbre devant sa fenêtre, où il discerne des visages dans le dessin des branches. Il se revoit, assis dans la baignoire, ses genoux sont des montagnes et le savon blanc un paquebot. Il se souvient du jour où son père lui a donné une prune en lui disant d'aller jouer dehors sur son tricycle. Il n'a pas aimé le goût de la prune et l'a jetée dans le caniveau, après quoi il s'est senti coupable. Il se souvient du jour où sa mère l'a emmené avec son ami B. au studio de télévision de Newark pour assister à un spectacle de *Junior Frolics*. Oncle Fred avait le visage maquillé, juste comme sa mère, et ça l'a surpris. Il se souvient que les dessins animés passaient sur un petit écran de télévision, pas plus grand que celui qu'ils avaient chez eux, et que sa déception était si écrasante qu'il a voulu se lever pour crier son mécontentement à l'oncle Fred. Il s'était attendu à voir le fermier Gray et Félix le Chat, grandeur nature, se poursuivre sur une scène avec de vraies fourches et de vrais râteaux. Il se souvient que B., dont la couleur préférée était le vert, prétendait que dans les veines de son ours en peluche coulait du sang vert. Il se souvient que B. vivait avec ses deux grands-mères et que pour accéder à sa chambre il fallait traverser un salon, à l'étage, où ces vieilles dames aux cheveux blancs passaient leurs journées entières devant la télévision. Il se rappelle être allé avec B. farfouiller dans les buissons et les jardins du voisinage, à la recherche d'animaux morts. Ils les enfouissaient sur le côté de sa maison, dans la profondeur obscure du lierre, et il se souvient qu'il y avait surtout des oiseaux, des petits oiseaux tels que moineaux, rouges-gorges et roitelets. Il se rappelle leur avoir fabriqué des croix avec des bâtons et avoir récité des prières sur les cadavres que B. et lui déposaient dans les trous qu'ils avaient creusés dans le sol, les yeux contre la terre meuble et humide. Il se rappelle avoir démonté la radio familiale un après-midi, à l'aide d'un marteau et d'un tourne-vis, et avoir expliqué à sa mère qu'il s'agissait d'une expérience scientifique. Il se rappelle avoir dit cela en ces termes et avoir reçu une fessée. Il se rappelle avoir essayé, avec une hache émoussée trouvée dans le garage, d'abattre un petit arbre frui-tier dans le jardin, et n'avoir réussi à y faire que quelques marques de coups.

Il se souvient qu'on voyait le vert sous l'écorce et qu'il a reçu une fessée pour cela aussi. Il se revoit devant son pupitre, en première année, à l'écart des autres enfants, en punition pour avoir bavardé en classe. Il se revoit assis à ce pupitre, en train de lire un livre qui avait une couverture rouge et des illustrations rouges avec un arrière-plan vert et bleu. Il revoit la maîtresse, arrivée par-derrière, qui pose très doucement la main sur son épaule en lui chuchotant une question à l'oreille. Elle porte une blouse blanche sans manches et ses bras sont gros et couverts de taches de rousseur. Il se souvient que pendant une partie de base-ball dans la cour de l'école il est entré en collision avec un autre garçon et a été projeté sur le sol avec une telle vio-lence que pendant cinq ou dix minutes tout ce qu'il voyait ressemblait à une photographie en négatif. Il se souvient de s'être remis sur ses pieds et d'avoir pensé, en se dirigeant vers les bâtiments scolaires : Je deviens aveugle. Il se rappelle comment sa panique s'est peu à peu transformée pendant ces quelques minutes en acceptation et même en fasci-nation, et comment il a éprouvé, lorsque sa vision normale s'est rétablie, le sentiment que quelque chose d'extraordinaire s'était produit au-dedans de lui. Il se souvient d'avoir mouillé son lit longtemps après l'âge où on peut accepter que cela arrive, et des draps glacés quand il s'éveillait le matin. Il se souvient d'avoir été invité pour la première fois à dormir chez un ami, et d'avoir eu si peur de se mouiller, de l'humiliation, qu'il avait veillé toute la nuit, les yeux fixés sur les aiguilles phosphorescentes de la montre qu'il avait reçue pour son sixième anniversaire. Il se souvient d'avoir examiné les illustrations d'une Bible pour enfants et accepté l'idée que Dieu a une longue barbe blanche. Il se souvient qu'il prenait pour celle de Dieu la voix qu'il entendait au fond de lui-même. Il se souvient d'avoir accompagné son grand-père au cirque, à Madison Square Garden et d'avoir, pour cinquante cents, ôté une bague au doigt d'un géant de deux mètres cinquante qui faisait partie des attractions. Il se souvient qu'il a conservé cette bague sur son bureau à côté de la photographie de Gabby Hayes et qu'il pouvait y introduire quatre de ses doigts. Il se souvient de s'être demandé si le monde entier n'était pas enfermé dans un bocal posé, en compagnie de douzaines d'autres mondes en bocaux, sur une étagère du garde-manger dans la maison d'un géant. Il se rappelle qu'il refusait de chanter les cantiques de Noël à l'école, parce qu'il était juif, et qu'il restait seul en classe pendant que les autres allaient répéter dans l'auditorium. Il se souvient qu'en rentrant chez lui, avec son costume neuf, après une première journée à l'école hébraïque, il a été poussé dans un ruisseau par des garçons plus âgés, en blouson de cuir, qui le traitaient de "sale juif". Il se revoit en train d'écrire son premier livre, un roman policier qu'il rédigeait à l'encre verte. Il se souvient d'avoir pensé que, si Adam et Eve étaient les premiers hommes sur terre, tout le monde devait être de la même famille. Il se souvient qu'il a voulu jeter une pièce de monnaie par la fenêtre de l'appartement de ses grands-parents, à Columbus Circle, et que sa mère lui a dit qu'elle risquait de transpercer le crâne de quelqu'un. Il se souvient de s'être étonné que les taxis qu'il voyait du haut de l'Empire State Building paraissent encore jaunes. Il se souvient d'avoir visité la statue de la Liberté avec sa mère, qui s'est prise d'inquiétude à l'intérieur de la torche et l'a obligé à redescendre l'escalier assis, une marche à la fois. Il se souvient du garçon qui a été tué par la foudre lors d'une randonnée pendant un camp d'été ; il est resté allongé près de lui sous la pluie et il se souvient d'avoir vu ses lèvres devenir bleues. Il se rappelle que sa grand-mère lui racontait ses souvenirs de son arrivée de Russie en Amérique quand elle avait cinq ans. Elle lui disait se rappeler qu'elle s'était réveillée, au sortir d'un profond sommeil, dans les bras d'un soldat qui la portait sur un bateau. C'était, prétendait-elle, la seule chose dont elle pût se souvenir.

Le Livre de la mémoire. Plus tard, le même soir.

Peu de temps après avoir écrit "la seule chose dont elle pût se souvenir", A. a quitté sa table et est sorti de sa chambre. Il marchait dans la rue et, comme il se sentait vidé par sa journée de labeur, il a décidé de continuer quelque temps sa promenade. Le soir venait. A. s'est arrêté pour dîner, un journal étalé devant lui sur la table et, après avoir payé l'addition, il a décidé de passer le reste de la soirée au cinéma. Il lui a fallu près d'une heure pour y arriver. Au moment de prendre son billet, il a changé d'avis et remis l'argent dans sa poche, et il est reparti. Revenant sur ses pas, il a suivi le même itinéraire qu'en arrivant en sens inverse. Quelque part en chemin, il a bu un verre de bière. Puis il a repris sa marche. Quand il a ouvert la porte de sa chambre il était presque minuit.

Cette nuit-là, pour la première fois de sa vie, il a rêvé qu'il était mort. Il s'est réveillé à deux reprises, pendant ce rêve, tremblant de panique. Les deux fois, il s'est efforcé de se calmer, s'est dit que s'il changeait de position dans le lit le rêve s'arrêterait, et chaque fois, dès qu'il retombait dans le sommeil, le rêve reprenait à l'endroit précis où il s'était interrompu.

Il n'était pas tout à fait mort, mais sur le point de mourir. C'était une certitude, un fait absolu et immanent. Atteint d'une maladie mortelle, il gisait sur un lit d'hôpital. Il avait perdu ses cheveux par plaques, et son crâne était à moitié chauve. Deux infirmières vêtues de blanc entraient dans la chambre en annonçant : "Aujourd'hui vous allez mourir, il est trop tard, on ne peut plus rien pour vous." Dans leur indifférence à son égard, elles faisaient penser à des machines. Il pleurait et les suppliait : "Je suis trop jeune pour mourir, je ne veux pas mourir maintenant." "Il est trop tard, répondaient-elles. Nous devons vous raser la tête." Il les laissait faire en pleurant à chaudes larmes. Elles disaient alors : "Le cercueil est là. Allez vous y étendre, fermez les yeux, et vous serez bientôt mort." Il aurait bien voulu s'enfuir, mais savait qu'il n'était pas permis de leur désobéir. Il allait donc s'installer dans le cercueil. On rabattait sur lui le couvercle, mais dedans il gardait les yeux ouverts.

C'est alors qu'il s'est réveillé pour la première fois.

Après s'être rendormi, il s'est retrouvé grimpant hors du cercueil. Il était vêtu d'une longue chemise d'hôpital et ne portait pas de chaussures. Il sortait de la chambre et errait un bon moment dans un dédale de corridors, puis il quittait l'établissement. Peu de temps après, il frappait à la porte de son ex-épouse. "Je dois mourir aujourd'hui, lui annonçait-il, et je ne peux rien y faire." Elle réagissait à la nouvelle avec autant d'indifférence que les infirmières. Mais il n'était pas là pour se faire plaindre. Il voulait lui donner des instructions sur ce qu'il souhaitait qu'elle fasse de ses manuscrits. Il énumérait une longue liste de ses œuvres et expliquait comment et où il fallait publier chacune d'elles. Puis il ajoutait : "Le Livre de la mémoire n'est pas terminé. Je n'y peux rien. Je n'aurai pas le temps de le finir, achève-le pour moi." Elle lui donnait son accord, mais sans grand enthousiasme. Et alors il se remettait à pleurer, comme au début : "Je suis trop jeune pour mourir. Je ne veux pas mourir maintenant." Mais elle, patiente, lui expliquait que puisque c'était inévitable, il fallait l'accepter. Alors il partait de chez elle et retournait à l'hôpital. Comme il arrivait au parking, il s'est réveillé pour la deuxième fois.

Dès qu'il a replongé dans le sommeil, il s'est encore retrouvé à l'hôpital, dans un sous-sol proche de la morgue. C'était une grande pièce nue et blanche, un peu comme une cuisine de l'ancien temps. Il y avait un groupe de gens, des amis de son enfance, adultes maintenant, assis autour d'une table en train de faire honneur à un banquet fastueux. A son entrée, tous se tournaient vers lui en le dévisageant. Il leur expliquait : "Regardez, on m'a rasé le crâne. Je dois mourir aujourd'hui, et je ne veux pas mourir." Ses amis étaient très émus. Ils l'invitaient à prendre place auprès d'eux. "Non, répondait-il, je ne peux pas partager votre repas. Il faut que j'aille mourir dans la pièce à côté." Il désignait une porte à va-et-vient, avec un hublot circulaire. Ses amis se levaient de table et le rejoignaient devant la porte. Pendant un petit moment, tous évoquaient leur enfance commune. Il trouvait apaisant de leur parler mais, en même temps, d'autant plus difficile de rassembler son courage pour franchir le passage. Il annonçait enfin : "Il faut que j'y aille, maintenant. C'est maintenant que je dois mourir." Les joues inondées de larmes, il embrassait ses amis l'un après l'autre, les étreignait de toutes ses forces, et leur disait au revoir.

Alors il s'est éveillé pour de bon.

Dernières phrases pour le Livre de la mémoire.

Extrait d'une lettre de Nadejda Mandelstam à Ossip Mandelstam, datée du 22 octobre 1938, et jamais envoyée.

"Mon amour, les mots me manquent pour cette lettre... Je l'envoie dans l'espace. Peut-être ne serai-je plus là quand tu reviendras. Ce sera le dernier souvenir que tu auras de moi... La vie est longue. Qu'il est long et difficile de mourir seul, ou seule. Est-ce le sort qui nous attend, nous qui étions inséparables ? L'avons-nous mérité, nous qui étions des chiots, des enfants, et toi qui étais un ange ? Et tout continue. Et je ne sais rien. Mais je sais tout, et chacune de tes journées et chacune de tes heures, je les vois clairement, comme dans un rêve... Mon dernier rêve : je t'achète une nourriture quelconque au comptoir malpropre d'une boutique malpropre. Je suis entourée d'étrangers et, après avoir fait mes achats, je me rends compte que je ne sais pas où poser tout cela, car je ne sais pas où tu es. A mon réveil j'ai dit à Choura : «Ossia est mort !» Je ne sais pas si tu es en vie mais c'est à partir de ce jour-là que j'ai perdu ta trace. Je ne sais pas où tu es.

Je ne sais pas si tu m'entendras. Si tu sais combien je t'aime. Je n'ai pas eu le temps de te dire combien je t'aimais. Et je ne sais pas le dire maintenant non plus. Je répète seulement : Toi, toi… Tu es toujours avec moi, et moi, sauvage et mauvaise, moi qui n'ai jamais su pleurer simplement, je pleure, je pleure, je pleure… C'est moi, Nadia. Où es-tu ?"

Il pose une feuille blanche sur la table devant lui et trace ces mots avec son stylo.

Le ciel est bleu, noir, gris, jaune. Le ciel n'est pas là, et il est rouge. Tout ceci s'est passé hier. Tout ceci s'est passé voici cent ans. Le ciel est blanc. Il a un parfum de terre, et il n'est pas là. Il est blanc comme la terre, et il a l'odeur d'hier. Tout ceci s'est passé demain. Tout ceci s'est passé dans cent ans. Le ciel est citron, rose, lavande. Le ciel est la terre. Le ciel est blanc, et il n'est pas là.

Il s'éveille. Il va et vient entre la table et la fenêtre. Il s'assied. Il se lève. Il va et vient entre le lit et la chaise. Il se couche. Il fixe le plafond. Il ferme les yeux. Il ouvre les yeux. Il va et vient entre la table et la fenêtre.

Il prend une nouvelle feuille de papier, la pose sur la table devant lui, et trace ces mots avec son stylo.

Cela fut. Ce ne sera jamais plus. Se souvenir.

(1980-1981)

Tu peux, avec tes
petites mains, m'entraîner
dans ta tombe – tu
en as le droit –
– moi-même
qui te suis moi, je
me laisse aller –
– mais, si tu
veux, à nous
deux, faisons…

une alliance
un hymen, superbe
– et la vie
restant en moi
je m'en servirai
pour————

        *

non – pas
mêlé aux grands
morts – etc.

– tant que nous
mêmes vivons, il
vit – en nous
ce n'est qu'après notre
mort qu'il en sera
– que les cloches
des Morts sonneront pour
                     lui

*

voile –
   navigue
   fleuve,
ta vie qui
passe, coule

*

   Soleil couché
et vent
   or parti, et
vent de *rien*
qui souffle
(là, le néant
? moderne)

*

la mort – chuchote bas
– je ne suis personne –

je m'ignore même
(car les morts ne savent
pas qu'ils sont
morts –, ni même qu'ils
                    meurent
– pour les enfants
du moins
  – ou

héros – morts
soudaines
car autrement
ma beauté est
faite *des derniers
instants* –
lucidité, beauté
visage – de
ce qui serait

moi, sans moi

                  *

Oh ! tu sais bien
que si je consens
à vivre – à paraître
t'oublier –
c'est pour
nourrir ma douleur
– et que cet oubli
apparent

jaillisse plus
vif en larmes, à

un moment
quelconque, au
milieu de cette
vie, quand tu
m'y apparais

*

vrai deuil en
  l'appartement
  – pas cimetière –

  meubles

*

Trouver *absence
seule* –
– en présence
de petits vêtements
  – etc. –

*

non – je ne
laisserai pas
le néant

père – je
sens le néant
m'envahir

STÉPHANE MALLARMÉ,
Pour un tombeau d'Anatole,
(fragments*).

* Seuls sont restitués ici les fragments qui figurent dans le livre de Paul Auster.

INDEX DES CITATIONS

Page 16
Samuel Beckett, *Fin de partie*, Minuit, 1957.

Page 47
Vincent Van Gogh, *Lettres*, Grasset et Fasquelle, 1981.

Page 87
Karl Marx, *Economie et philosophie (Manuscrits parisiens,* 1844), trad. de Jean Malaqué et Claude Orsini, Gallimard, "Pléiade", 1968.

Page 99
Isaac Babel, *Cavalerie rouge*, trad. de Maurice Parijanine, Gallimard, 1959.
Marcel Proust, *A l'ombre des jeunes filles en fleurs*, Gallimard, 1954.

Page 104
Maurice Blanchot, *L'Arrêt de mort*, Gallimard, 1948.

Page 113
Sören Kierkegaard, *Crainte et tremblement*, trad. de P. H. Tissot, Aubier, 1935.

Page 121
Blaise Pascal, *Les Pensées*, Gallimard, "Pléiade", 1960.

Page 129
Cicéron, *De l'orateur*, trad. d'Edmond Courbaud, Les Belles Lettres, 1927.

Page 132
"Israel Lichtenstein's Last Testament", in *A Holocaust Reader*, ed. by Lucy S. Dawidowicz, New York, Behrman House, 1976.

Page 138
Gustave Flaubert, "Lettre à Louise Colet", 6 ou 7 août 1846, in *Correspondance*, Gallimard, "Pléiade".

Page 140
Saint Augustin, *Confessions (LX)*, trad. de P. de Labriole, Les Belles Lettres, 1925.

Page 151
Marina Tsvetaieva, *Poèmes de la fin*, trad. d'Eve Malleret, L'Age d'homme, 1984 (les cinq premiers vers cités par Paul Auster sont ici traduits de l'anglais).
Dr. Gregory Altschuller, "Marina Tsvetayeva : a Physician's Memoir", in *Sun*, vol. IV, n° 3, hiver 1980, New York.

Page 155
Christopher Wright, *Rembrandt and his Art*, New York, Galahad Books, 1975.

Page 156
Anne Frank, *Le Journal* (10 oct. 1942), Calmann-Lévy, 1950.

Page 157
Hölderlin, *Lettre à Casimir Ulrich Böhlendorff*, trad. de Denise Naville, Gallimard, "Pléiade", 1967.

Page 158
Id., *A Zimmer*, poème, trad. de Jean-Pierre Faye.

Page 160
Id., *En bleu adorable*, trad. d'André Du Bouchet, Galli-
mard, "Pléiade".
Saint Jérôme, *Sur Jonas*, trad. de dom P. Antin, Le Cerf, 1956.

Page 175
Stéphane Mallarmé, *Lettre à Henry Roujon* (22 août 1879),
Gallimard, 1965.

Page 178
Leibniz, *La Monadologie*, Aubier-Montaigne, 1962.

Page 188
Blaise Pascal, *Les Pensées (Preuves de Jésus-Christ)*, Gallimard, "Pléiade", 1960.

Page 194
Le Livre de Jérémie.
Toutes les citations bibliques sont extraites de la traduction
de l'abbé Crampon, Desclée et Cie, 1928.

Page 195 à 198
Le Livre de Jonas.

Page 200
André Du Bouchet, *Hölderlin aujourd'hui*, éd. Le Collet de
Buffle (Colloque de Stuttgart, 21 mars 1970).

Page 203
Carlo Collodi, *Les Aventures de Pinocchio.*
Toutes les citations de Pinocchio (y compris l'épigraphe du
Livre de la mémoire) sont conformes à la traduction de Natha-
lie Castagné, publiée par Gallimard, "Folio Junior", 1985.

Page 213
Blaise Pascal, *Le Mémorial*, Cluny, 1938.

Page 218
Blaise Pascal, *Les Pensées*, Gallimard, "Pléiade", 1960.

Page 219
Edward A. Snow, *A Study of Vermeer*, Berkeley, University of California Press, 1979.

Page 222
Vincent Van Gogh, *Lettre à Théo*, 16 oct. 1888, Grasset et Fasquelle, 1981.

Page 230
Léon Tolstoï, *Guerre et Paix*, trad. d'Henri Mongault, Gallimard, "Pléiade", 1944.

Page 232
"L'Inquiétante Etrangeté", in *Essais de psychanalyse appliquée*, trad. de M. Bonaparte et E. Mary, Gallimard, 1952.

Pages 234 à 241
Les Mille et Une Nuits. Toutes les citations sont extraites de la traduction du Dr J.-C. Mardrus, Bruxelles, éd. La Boétie, 1947. D'éventuelles infidélités sont dues à des différences entre cette version et la traduction anglaise (de John Payne) citée par Paul Auster.

Page 243
Fédor Dostoïevski, *Les Frères Karamazov*, trad. de Marc Chapiro, Mermod, 1946.
Jim Harrison, cité dans "The End of Cambodia", par William Shawcross, dans la *New York Review of Books*, 24 janv. 1980.

Page 247
Anne Frank, *Le Journal*, trad. de T. Caren et S. Lombard, Calmann-Lévy, 1950.

Page 248
Le Livre de Jonas.

Page 253
Wilhelm Leibniz, *La Monadologie*, Aubier-Montaigne, 1962

Page 254
Blaise Pascal, *Les Pensées*, Gallimard, "Pléiade", 1960.

Page 255
Marcel Proust, *Du côté de chez Swann*, Gallimard, 1954.

Page 259
Sigmund Freud, *op. cit.*, p. 183.

Page 271
Nadejda Mandelstam, *Contre tout espoir*, trad. du russe par Maya Minoustchine, Gallimard, 1972-1975.

LECTURE

PAUL AUSTER
OU L'HÉRITIER SANS TESTAMENT

L'Invention de la solitude constitue à la fois l'art poétique et l'ouvrage fondateur de Paul Auster. Qui veut le comprendre doit partir de là et tous ses autres livres ramènent à celui-ci. Roman-manifeste divisé en deux parties, le *Portrait d'un homme invisible* et *le Livre de la mémoire*, ce volume se place d'emblée sous le signe du remords : Paul Auster est devenu écrivain parce que son père, en mourant, lui a laissé un petit héritage qui l'a soustrait à la misère. Le décès du père n'a pas seulement libéré l'écriture, il a littéralement sauvé la vie du fils. Celui-ci n'en finira jamais de payer sa dette et de rembourser en bonne prose le terrifiant cadeau du trépassé. En guise d'acquittement, il s'attache ici à ressusciter la figure de cet homme qu'il connaissait mal. M. Auster père, propriétaire d'immeubles, était un personnage absent, "un bloc d'espace impénétrable ayant forme humaine" ; être invisible, "touriste de sa propre existence" il ne donnait jamais l'impression de pouvoir être situé et masquait cette évanescence par un bavardage perpétuel. Comment être soi-même au monde quand son propre père était hors jeu ? Ce proche qui lui était étranger l'a donc rendu étranger à lui-même. Il lui a interdit d'abord l'exutoire habituel des enfants : la rébellion. On ne se révolte pas contre un fantôme. Et l'auteur qui a dû perdre son père pour le découvrir multipliera ensuite dans ses romans les figures de géniteurs inconsistants, falots, pitoyables, tout encombrés de leur progéniture et incapables d'assumer leur paternité. Tel Pinocchio sortant Geppetto de la gueule du requin, Paul Auster devra sauver son père de l'oubli pour le remettre au monde et par là même justifier sa propre naissance. Au fur et à mesure que le récit progresse, dessinant du mort un visage de plus en plus complexe, une certitude s'impose : un père ça se mérite. En enfantant son propre parent à travers les mots, l'auteur rétablit les fils d'une transmission rompue et se donne la possibilité d'avoir des enfants à son tour.

Bref une subtile dialectique préside à cette intrigue. Il existe en effet selon Auster une fausse évidence de la proximité ; et l'anonymat n'est pas seulement le malheur des foules ou des cités mais aussi le cancer qui ronge les cellules familiales ou conjugales. Le côte à côte des êtres masque souvent un gouffre et seules la mort ou la distance peuvent les rapprocher. Nous sommes séparés des autres par ce qui nous relie à eux, nous sommes séparés de nous-mêmes par l'illusion de nous connaître. De même qu'il faut s'oublier pour avoir accès à une certaine vérité de soi, de même il faut quitter les autres pour les retrouver dans le prisme de la mémoire ou de l'éloignement. Le plus proche est le plus énigmatique et la distance comme le deuil et l'errance sont aussi les instruments d'une reconquête.

Au commencement sont donc la faute et la dépossession. Seuls un accident, une fêlure sortiront le moi de son apathie, de la pseudo-intimité qu'il entretient avec lui-même. Et ici commence la série des vertigineux paradoxes austériens. Premier paradoxe : l'enfermement est une modalité de l'exil. *L'Invention de la solitude* peut se lire comme un éloge des chambres et des endroits clos. Cette clôture n'a rien à voir avec un quelconque panégyrique de la vie privée ou du "cocooning" : il n'y a ni privé ni public dans cet univers romanesque puisque l'individu ne s'appartient pas, que son centre est hors de lui. Ce goût des espaces étroits où l'esprit peut se projeter sur les murs – et la recension de ce thème chez Hölderlin, Anne Frank, Collodi, Van Gogh ou Vermeer est passionnante – fait de la chambre une sorte d'utérus mental, le lieu d'une seconde naissance. Dans ce lieu fermé, le sujet accouche en quelque sorte de lui-même, il accède à la vie de l'esprit alors qu'il détenait déjà la vie biologique. Cette claustration le transforme en un naufragé volontaire, Robinson échoué en pleine ville, enkysté dans une minuscule fissure de l'habitat urbain. Ce naufrage est nécessaire même s'il ressemble à un suicide différé. Il faut mourir à soi-même, semble dire Auster, pour exister, il y a un sens rédempteur de l'annulation. De là ces héros qui chez lui se mettent en jeu jusqu'aux limites du dénuement physique ou de la faim. Cette passion autodestructrice et qui résiste de peu à l'anéantissement total (dans un mouvement analogue à ce que Paul Auster analyse chez Knut Hamsun) transforme le séjour dans la chambre en une sorte d'ascèse laïque sans transcendance, sans Dieu. Comme si à la mort réelle des pères devait répondre la mort fictive des fils, le personnage austérien est toujours prêt à s'offrir en sacrifice : seule vaut l'existence qui a fait l'expérience de la disparition.

Deuxième paradoxe : la mort est le préliminaire à la résurrection. Puisque cette vie qui nous fut donnée par un autre ne vaut rien, la descente aux enfers est le seul moyen de se la réapproprier, de tuer le vieil homme en soi. La chambre est une prison qui nous ouvre les portes de la liberté ou pour le dire autrement le moi est un cachot dans lequel il faut accepter de s'immerger pour s'en évader. Si la claustration prélude au nomadisme, celui-ci en revanche servira aux protagonistes à se réconcilier avec eux-mêmes.

Troisième paradoxe austérien : le vagabondage est un auxiliaire de l'intimité. C'est le hasard, chez Auster, cette providence ironique et malicieuse, qui va casser la fausse division entre le proche et le lointain, le mien et le tien, le nôtre et le leur. Aussi loin qu'il parte, l'individu part à la rencontre de lui-même ; il est tendanciellement chez lui partout puisqu'il n'est pas chez lui dans sa propre maison :

"Pendant la guerre, le père de M., pour échapper aux nazis, s'était caché pendant plusieurs mois à Paris dans une *chambre de bonne*. Il avait finalement réussi à partir et à atteindre l'Amérique où il avait commencé une vie nouvelle. Des années s'étaient écoulées, plus de vingt années. M. était né, avait grandi et s'en allait maintenant étudier à Paris. Une fois là, il passait quelques semaines difficiles à chercher un logement. Au moment précis où, découragé, il allait y renoncer, il se trouvait une petite *chambre de bonne*. Aussitôt installé, il écrivait à son père pour lui annoncer la bonne nouvelle. Environ une semaine plus tard arrivait la réponse : ton adresse, écrivait le père de M., est celle de l'immeuble où je me suis caché pendant la guerre. Suivait une description détaillée de la chambre. C'était celle-là même que son fils venait de louer."

Tout Auster est là dans cet amour des coïncidences qui font rimer les événements les plus lointains, les plus improbables. Il excelle à parsemer les aventures de ses personnages de corrélations qui ne signifient rien a priori mais à qui l'histoire donnera des prolongements inattendus. Le recensement des signes que le destin sème sur notre route est le seul moyen de combattre l'arbitraire : dans le désordre des jours surgissent en filigrane les traces d'un ordre qui semble nous régir mystérieusement. Il y a du sens dans le monde mais un sens qui est suggéré, jamais clairement énoncé. Tout chez Paul Auster arrive donc par hasard ; et quelle plus belle figure du hasard que l'héritage, événement aussi funeste que bénéfique. Comme si l'argent d'un mort était un don accablant par lequel il nous entraîne avec lui outre-tombe. La difficulté de cet art romanesque va donc être de conférer à la figure de l'imprévu le poids de la nécessité, de convertir sans cesse l'invraisemblable en inéluctable, d'échapper à la gratuité. Le travail du romancier tient aussi du funambulisme : plonger les personnages dans des situations incohérentes, tisser ensuite entre eux un réseau d'analogies très denses, enchaîner de façon inéluctable les épisodes si bien que l'ouvrage refermé, l'histoire ne peut plus, pour le lecteur, se passer autrement. Ce goût des retournements, des brutales volte-face situe aussi Paul Auster dans une tradition picaresque aux antipodes de ses maîtres revendiqués, Kafka et Beckett.

L'errance a chez lui ceci d'original que loin de confronter un individu avec la froideur et l'hostilité du monde, elle le place face à lui-même, à des fragments de sa vie disséminée. Tout le ramène à soi et comme le huis clos de la chambre est un microcosme, le vaste monde est une chambre qui nous parle de nous dans un langage obscur. Chez soi cela peut être partout puisque chez soi n'est pas chez soi. *L'Invention de la solitude* annonce un thème que Paul Auster élèvera au rang d'une véritable obsession : le nomadisme par volonté de se cloîtrer, l'introspection pour mieux s'évader. (D'où l'attrait des pseudonymes et des non-lieux dans *Cité de verre*, cette capacité des êtres d'endosser d'autres identités, ce kaléidoscope de doubles, de sosies, de moi aléatoires, ces instants de suspension où le vivant choisit presque de s'incarner en un autre, autant de vertiges qui baignent cette trilogie dans une sorte de platonisme discret.) "Chercher à se trouver dans l'exil", cette formule qu'Auster utilise à propos de Thoreau s'applique parfaitement à lui. Il a su inverser tous les signes du départ et de la sédentarité : l'évasion est une expérience de l'intimité, le face à face celle de l'éloignement. Et cette inversion est peut-être née de l'expérience d'un petit garçon qui a éprouvé au contact de son père la solitude et l'absence absolues.

On comprend ce qui différencie Paul Auster d'autres écrivains de son temps, ce qui fait aussi son succès. Rien de moins narcissique que ce romancier obsédé de soi. C'est qu'il récuse deux attitudes fréquentes aujourd'hui : celle du moi orgueilleux maître de soi, sans attaches ni passé et celle du traditionaliste ou du minoritaire fier de son identité, de ses racines, de son peuple. Son point de vue est autre : il se reconnaît relié à une famille, à une tradition, à une culture mais d'un lien hautement problématique. Bref pour paraphraser le célèbre vers de René Char, l'héritage est ambigu : il manque le testament. Puisque rien ne fait sens à priori – c'est la malédiction même de la modernité – le moi. comme la solitude et la tradition, doit littéralement être inventé et recréé. Auster n'est pas un adepte de la différence, il ne revendique aucun statut particulier, ne se barricade pas dans une appartenance comme dans un ghetto. Il ne cherche pas ce qui sépare mais ce qui rapproche les hommes ; et ce qu'ils ont en commun, c'est un même désarroi devant leur identité. Mais il a évité aussi ce qui tue la littérature française depuis vingt ans : l'envahissante prolifération de l'autobiographie, du journal intime, le nombrilisme érigé en genre à part entière. Or cette littérature qui tend à rétrécir la vie au lieu de l'élargir se résout le plus souvent en un gémissement amer puisqu'elle traduit d'abord l'impossibilité d'échapper à soi. Et c'est l'ironie sinistre de ces livres que, voués à exhaler l'essence la plus intime des individus, leur subjectivité à nulle autre pareille, ils finissent par tous se ressembler comme s'ils étaient écrits par la même personne. Avec ces publications, l'écriture devient une activité séparatrice, contredisant sa vocation à l'universel. Et la célébration maniaque de sa différence ou de son intériorité expulse le lecteur qui ne veut pas se laisser attraper ou fasciner. Au lieu de créer un monde où tous puissent cohabiter, l'écrivain ne prend à la collectivité que l'outil commun, le langage, pour mieux s'en éloigner et dire combien il est unique. Toutes ces voix qui soliloquent et nous content leurs petites misères instaurent un univers de la surdité générale où chacun, parlant de soi, n'a plus le temps d'écouter les autres.

A rebours de cette débauche d'égotisme, Auster a écrit avec son *Invention de la solitude* un récit dont la force réside dans la simplicité même. A travers cette apparente banalité, le lecteur se retrouve et le roman redevient ce qu'il est, une patrie ouverte à tous les hommes sans distinction, un lieu d'accueil : "J'ai moins l'impression d'y avoir raconté l'histoire de ma vie que de m'être servi de moi pour explorer certaines questions qui nous sont communes à tous", dit Auster dans un entretien à propos de ce livre. Le héros austérien n'est pas quelqu'un qui se préfère, pour reprendre la définition brechtienne du bourgeois, mais quelqu'un qui doute et communique ce doute au lecteur. Et l'on s'identifie moins aux péripéties des protagonistes qu'à l'étrangeté qu'ils éprouvent à l'égard d'eux-mêmes, eux pour qui être quelqu'un ou devenir ce que l'on est semble constituer la difficulté suprême. Auster ne condamne pas, à la façon des classiques, la misère du moi face à la grandeur de Dieu, il fait pis, il dissout ce moi, le décrète inexistant. L'incertitude corrode jusqu'à nos fondations les plus intimes, le cœur de la personne est vide ou encombré de tant de parasites que cela équivaut à n'être rien.

Cette œuvre traduit donc bien la passion généalogique d'un déraciné et il n'est pas indifférent qu'Auster soit un Américain tout entier tourné vers l'Europe. Mais cette proximité est trompeuse : sa lecture produit un double effet de familiarité et de dépaysement car Auster, profondément ancré dans le Nouveau Monde, enrichit le roman américain de thèmes européens plutôt qu'il n'écrit des livres européens en Amérique. *L'Invention de la solitude*, hommage au père disparu, se prolonge dans la deuxième partie par un salut chaleureux adressé à tous les poètes et penseurs qui ont influencé l'auteur. Ecrire c'est se choisir d'autres pères pour compenser le sien, se découvrir relié spirituellement, devenir aussi plus que soi. La mémoire est immersion dans l'histoire de tous ces autres qui nous constituent. Le narrateur distingue une par une ces voix qui parlent en lui et doivent se décanter pour laisser libre place au noyau intime. Mais ce total est impossible à établir : le moi palimpseste, tel un oignon qu'on n'en finirait pas d'éplucher, résiste à l'énumération. Cette pérégrination dans les continents de la mémoire a beau être l'occasion d'un merveilleux voyage, elle n'apaise en rien la blessure : aussi loin qu'on aille, le moi est toujours hanté ou écartelé par les autres, il est une pièce emplie d'intrus et d'étrangers qui parlent à sa place. La démarche austérienne n'est bien sûr pas l'anamnèse proustienne, la tentative de figer la fuite du temps dans une œuvre d'art qui rachète par là même les imperfections de la vie. C'est une quête sans fin, sans résultat garanti et qui ne peut se conclure. Détective de soi, Paul Auster met une science très exacte du récit au service d'une enquête métaphysique : pourquoi y a-t-il un moi plutôt que rien ? Il emprunte le genre du roman policier et à l'abri de cette armature y glisse sa propre fiction. A la fin, pourtant, rien ne se résout. Chaque livre est bien une œuvre collective, l'hommage qu'un écrivain rend aux défunts et aux vivants qui l'ont aidé à écrire. Mais cette politesse envers les morts, cette manière de les convoquer à son chevet, de les convier à un vaste colloque à travers les siècles, n'éponge pas la dette. De même qu'un fils n'en finit pas de payer la mort de celui qui l'a engendré, de même le moi ne cesse jamais de régler son dû. Il pourrait même se définir de cette façon : le débiteur perpétuel, toujours en état d'obligation envers les autres. De là que la littérature doit inlassablement récrire le testament absent. Et si le prophète, selon l'aphorisme célèbre, est celui qui se souvient du futur, l'écrivain, selon Auster, serait celui qui prédit le passé, pour le fixer et s'en défaire. Mais les archives du souvenir sont à la fois confuses et sans fin ; et le greffier qui prétend les enregistrer s'égare dans un labyrinthe.

Paul Auster a totalement renouvelé le genre du roman de formation. Il a mis en lumière avec un rare talent la souffrance qu'il y a aujourd'hui à être un individu éjecté de la coquille protectrice d'une croyance ou d'une tradition. Au bout de ces longues recherches il ne délivre aucune sagesse. Chacun de ses romans esquisse l'amorce d'une rédemption et la repousse. La défaite de la réponse, c'est-à-dire du réconfort, l'entêtement à rester dans la douleur de la question, telle est la force de cette œuvre. Chacune des intrigues qu'il construit constitue une énigme un peu plus obscure une fois qu'on l'a dévoilée qu'avant. Sa littérature est comme un bref éclat de lumière qui va d'un mystère enfoui à un mystère exposé, une lueur entre deux ténèbres. "Le simple fait d'errer dans le désert n'implique pas l'existence de la Terre promise." Tous ses personnages, vagabonds, joueurs, semi-clochards, paumés magnifiques, écrivains ratés, sont en route. Ils sont plus sereins en bout de course, tel ce Marco Stanley Fogg se tenant dans la trouble clarté lunaire face à l'Océan, à la fin de *Moon Palace*, ils ne sont jamais souverains. Leur odyssée chaotique ne connaît pas l'apaisement et toujours ils échouent à retrouver une innocence d'après le péché. L'écriture ne console pas du tourment, elle le déplace, l'approfondit ; l'écriture est vanité qui ne dit pas l'expérience de la perte et du désaisissement. Peut-être l'œuvre déjà si riche de Paul Auster préfigure-t-elle ce qui devrait, selon certains historiens, devenir la religion de l'avenir, le christiano-bouddhisme : le souci du salut personnel lié à une conscience aiguë de la précarité et du vide.

PASCAL BRUCKNER

TABLE

BABEL

Collection dirigée par
Jacques Dubois, Hubert Nyssen
et Jean-Luc Seylaz

Extrait du catalogue

Ouvrage réalisé
par les Ateliers graphiques Actes Sud.
Photocomposition : I.L.,
à Avignon.
Achevé d'imprimer
en novembre 1993
dans les ateliers de la S.E.P.C.
à Saint-Amand-Montrond (Cher)
sur papier des
Papeteries de Navarre
pour le compte
d'ACTES SUD
Le Méjan
13200 Arles.

Dépôt légal
1re édition : mars 1992
N° d'éditeur : 1179
N° impr. : 2765